有趣的历史

中国古代篇

主编◎刘建新　　副主编◎王怀利　王烨　宋薇　王聪　王婉秋

清华大学出版社
北京

内 容 简 介

本书共有六章，以时序为主线，借助真实、有趣、鲜活的故事讲述了包括远古时期、秦汉时期、三国两晋南北朝时期、隋唐时期、宋元时期、明清时期的历史。为了使读者更好、更准确地了解历史事件的来龙去脉，本书还设有辅助小栏目，既有助于读者从历史深处解读历史，又可以拓展读者的阅读知识面，落实历史学科的核心素养。

通过本书，读者能够体会历史本身的趣味和意义。同时，本书通过构建历史与当下的联系，可让青少年立足当今，放眼世界，具有正确的国际视野。

本书适合青少年阅读，同时对一般历史爱好者也具有较高的参考价值。

本书封面贴有清华大学出版社防伪标签，无标签者不得销售。
版权所有，侵权必究。侵权举报电话：010-62782989，beiqinquan@tup.tsinghua.edu.cn。

图书在版编目（CIP）数据

有趣的历史．中国古代篇 / 刘建新主编．—北京：清华大学出版社，2022.10（2024.7重印）
ISBN 978-7-302-62089-1

Ⅰ．①有… Ⅱ．①刘… Ⅲ．①中国历史—古代史—青少年读物 Ⅳ．① K209

中国版本图书馆 CIP 数据核字（2022）第 197719 号

责任编辑：杜春杰
封面设计：刘　超
版式设计：楠竹文化
责任校对：马军令
责任印制：杨　艳

出版发行：清华大学出版社
网　　址：https://www.tup.com.cn，https://www.wqxuetang.com
地　　址：北京清华大学学研大厦 A 座　　邮　　编：100084
社 总 机：010-83470000　　邮　　购：010-62786544
投稿与读者服务：010-62776969，c-service@tup.tsinghua.edu.cn
质量反馈：010-62772015，zhiliang@tup.tsinghua.edu.cn
印 装 者：大厂回族自治县彩虹印刷有限公司
经　　销：全国新华书店
开　　本：170mm×230mm　　印　　张：11.75　　字　　数：230 千字
版　　次：2022 年 12 月第 1 版　　印　　次：2024 年 7 月第 3 次印刷
定　　价：59.80 元

产品编号：093528-01

编委会
（以汉语拼音为序）

从佳慧　费小建　何博宇　刘建新
刘　娇　宋　薇　孙爱君　谈光云
万　鸣　王　聪　王怀利　王婉秋
王　烨　吴庆煜　辛晓燕　余志武

序

在我们的生活中，人们常常讲故事、听故事，尤其是中小学生，更喜欢听故事。所谓"故事"，一般是指过去的事情，而历史就是过去的事情。历史丰富多彩，既有时代的变迁、朝代的兴衰，又有家族的荣枯、个人的悲喜；既有繁荣昌盛的辉煌景象、金戈铁马的壮烈场景，又有衰败萧条的残破局面、血雨腥风的至暗时光；既有叱咤风云的领袖人物、目光深邃的思想先驱、成绩斐然的科学巨匠，又有辛勤劳作的普通民众、心灵手巧的能工巧匠。正因为如此，历史是精彩的，是有趣的，是吸引人的。更重要的是，精彩而有趣的历史，可以给人以启迪、反思，使人从中获取智慧，受到教育，进而能够鉴往知来、洞察世事、感悟人生。

"故事"还是一种文学体裁。现在呈现给青少年读者的这套"有趣的历史"，就是以讲故事的方式，将中外历史上重要的事件、人物、现象娓娓道来，以生动、具体、形象的描述帮助青少年触摸历史的脉动，感受历史的精彩，体会历史的有趣。这是一套关于历史的书，它既不像一个正襟危坐的老人在对后生进行严肃的说教，也不像有的文艺作品那样随意戏说，而是根据可靠的历史材料，按照历史发展的顺序，精选重要的史实，以提问为引导，进行具体而平实的叙述，展现历史的生动有趣。

这是一套构思精巧、可读性较强的历史读物，青少年通过阅读，可以了解那些历史上的重要事件、重要人物、具体的历史现象，解决一些对历史事实的疑惑，明了历史所蕴含的道理、经验、智慧等。而且，这套书还可以为学好历史课提供很多帮助。学校的历史教材内容虽然较为全面、系统，但往往是概而论之，不太具体。而这套书恰恰可以作为对历史课程的学习补充，帮助学生更深入、更具体地了解历史的真实情况，尤其是历史事件发生的具体经过、历史人物的具体言行、历史现象的具体状态等，这对学生了解历史、理解历史和认识历史有很大帮助。此外，它还可以使学生了解比教材上更多的历史情况，丰富历史知识，拓展历史视野。通过阅读这套书，学生会感受到学习历史并不是一件枯燥无味、兴趣索然的事，而是一件很有意思也很有意义的事；学好历史，是成长过程中不可或缺的。

正因为如此，我向广大的青少年推荐这套"有趣的历史"，希望大家通过阅读，真正地感受到历史的精彩和有趣，深刻地体会"习史使人明智"。

是为序。

首都师范大学历史学院教授
中国教育学会历史教学专业委员会副理事长
2022 年 2 月 25 日

目 录

第一章
远古世界与群雄逐鹿

第一节　史前世界，考古解读　　3
第二节　上古三代，得道多助　　10
第三节　王室衰微，诸侯争霸　　18

第二章
短命秦朝与汉朝一统

第一节　秦虽短命，影响千秋　　29
第二节　楚河汉界，约法三章　　40
第三节　汉承秦制，天下一统　　49

第三章
三国鼎立与魏晋风流

第一节　三国鼎立与走向统一　　61
第二节　王马共治，开发江南　　68
第三节　绚丽多彩的魏晋文化　　72

第四章 83
隋朝统一到唐朝盛世

第一节	隋朝统一，缘何速亡	85
第二节	隋亡唐兴，再现统一	90
第三节	盛世唐朝，耀我中华	94

第五章 109
民族关系发展和元朝统一

第一节	政权并立与元朝统一	111
第二节	宋朝百姓的多彩生活	121
第三节	改变世界的尖端科技	130

第六章 143
明清盛世与危机四伏

第一节	明朝兴盛，再续辉煌	145
第二节	明亡清兴，承上启下	157
第三节	清朝盛世，危机四伏	168

第一章
远古世界与群雄逐鹿

第一章 远古世界与群雄逐鹿

第一节 史前世界，考古解读

我们知道，人类早期的历史往往没有留下文字记载，大家可能会好奇：既然没有文字记载，我们是怎么知道原始人的活动的呢？其实，这个问题很简单：考古学家们在田野里一锹一铲进行考古发掘，让原始人从事生产和生活的各种实物遗迹得以重见天日，这些实物遗迹告诉我们——我们的祖先从哪里来，他们过着怎样的生活。

一、为什么周口店被列入《世界遗产名录》？[①]

大家看到上边这个问题，自然会想问："周口店究竟在哪儿？这个地方有什么特别的文化遗产吗？"要弄清楚这些问题，我们还得从 20 世纪 20 年代北京周口店的一次考古挖掘说起。

1929 年，有一个叫裴（péi）文中的年轻考古学者，在距离今天北京西南方向房山区约 50 千米的周口店龙骨山的一个山洞内意外地发现了"北京人"头盖骨化石。

当时裴文中在考古发掘时，不经意间触及一处坚硬岩层，此时天色渐晚，发掘小组点上蜡烛后继续工作。当裴文中借着微弱的烛光凿开这些坚硬的岩层时，意外地挖掘到一块硬物，仔细一看，原来是一块非常完整的头盖骨化石。当时这块头盖骨化石一半埋在松土中，一半埋在硬土下，考古人员迅速用橇（qiào）棍把它撬了出来，但令人遗憾的是，由于天色漆黑，视线受限，这块完整的头盖骨化石有一部分被撬碎了。不过，这一撬也让裴文中近距离地看到了猿人的头骨竟有十多毫米厚，比我们现代人的头骨要厚得多。事后裴文中在其回忆录中写道："其实这个头盖骨在荒山野地已经有几十万年之久，再多放一夜又有什么关

[①] 被列入《世界遗产名录》的地方，可接受"世界遗产基金"提供的援助，能够得到世界的关注与保护，并能产生可观的经济效益和社会效益。

系呢？但当时我心情激动，无论如何也要把它挖出来。"

大家知道吗？裴文中发现的这个头盖骨化石被认为是20世纪古人类学界最重要的发掘之一，在国际上被誉为"古人类全部历史中最有意义、最动人的发现"。此后，考古学家继续对这里进行发掘，又陆续发掘出5个比较完整的头盖骨化石，以及200余件古人类化石，10万多件石器和石片，近200种动物化石和大量的用火遗迹。值得一提的是，考古学家根据已发现的化石和石器等材料，复原了北京人的头部。他们惊奇地发现，这群生活在70万年前的古人类，脑容量已达到1043毫升，与现代人平均1400毫升的脑容量相差不大。男子的平均身高达1.62米，女子的平均身高达1.52米，可真不矮呀！但他们的面部却比我们现代人的面部稍短，且向前伸出，前额低平，眼眶上缘有两根相互连接的粗大眉骨，看上去如同老式房屋伸出的屋檐，鼻子宽扁，嘴部前伸，牙齿粗大。

正是基于这些有重要研究价值的考古发现，1987年，周口店北京人遗址被联合国教科

人物小史

裴文中（1904—1982），河北丰南人，古人类学家、考古学家、中国科学院院士。他留学法国，后任北京大学教授、中国科学院古脊椎动物与古人类研究所研究员。1929年12月2日，他和几位工人在北京周口店龙骨山的山洞里发掘出第一个北京猿人头盖骨化石。后来他又在周口店的山洞里发现北京猿人用过的石器和用火的痕迹，证明至少在69万年前，我们的祖先已在祖国大地上生活和劳动。这一重大发现是人类发展史研究的一个里程碑，证实了达尔文关于"人类起源于古猿"的理论。

哇！原来是这样

古代生物的遗骸或遗迹埋藏在地层中，经过漫长的时间，被周围的沉积物和矿物质所渗入，经过石化变成了石头，称为化石。化石是研究远古人类历史的重要证据。

文组织作为文化遗产列入《世界遗产名录》。世界遗产委员会这样描述：周口店北京人遗址位于北京西南42千米处，遗址的科学考察工作仍在进行中。到目前为止，科学家已经发现了中国猿人属北京人的遗迹，他们大约生活在中更新世时代，同时发现的还有各种各样的生活物品，以及可以追溯到公元前18 000年至11 000年的新人类的遗迹。周口店遗址不仅是有关远古时期亚洲大陆人类社会的一个罕见的历史证据，而且阐明了人类进化的进程。

二、原始居民究竟过着怎样的生活？

由于当时的环境十分恶劣，原始人仅凭个人的力量很难生存下去，于是他们生活在一起，共同劳动，共同享有劳动成果。下面，我们就看看我国境内的原始居民是怎样生活的。

1. 北京人的生活

考古学家根据现有的动植物化石推断，当时北京人生活的区域丛林密布、河流蜿蜒，气候温暖湿润。那里经常会有食草动物和食肉动物出没，为了生存，北京人只有依靠集体的力量才能确保安全生活，因此，他们过着群居生活。北京人使用石头制成工具，这些石器被称为打制石器。和早期猿人相比，北京人制作石器的技术更加成熟，石器的种类也更加丰富。北京人用这些粗糙的工具打猎或者采集野果，维持着日常的生活。在北京人的生活中，需要用火的地方很多。他们用火烤东西吃，晚上睡在火边，这样既可以取暖，也可以预防野兽攻击。但是北京人没有学会人工取火的方法，只能使用天然火。他们依靠打雷击中的干燥木头或者偶然的火山爆发获得火种。北京人非常珍惜这些来之不易的火种，想方设法地将火种保存起来。考古学家在北京人生活的地方发现了很厚的灰烬堆，证明北京人经过长期的摸索和实践，逐渐学会了通过往火堆里不断添加木柴来保存火种的方法。

2. 河姆渡人和半坡人的生活

1973年，考古学家在今天浙江省余姚市河姆渡村的东北处又发现了一处远古人类的遗址,将其命名为河姆渡遗址。与北京人相比,河姆渡人的生活方式大为进步。考古学家发现河姆渡人居住在用木头盖的干栏式房屋里;他们还学会了新的技能——种植农作物,用骨耜(sì)①开垦土地,种植水稻,这样一来,人们再也不用担心因为采集不到果实、捕捉不到动物而饿肚子了。今天我们的国家有"南稻北麦"的传统,其实,你们知道吗?早在六七千年前的中国远古居民种植的农作物同样存在南北差异。六千多年前,生活在黄河流域的半坡(陕西西安)人同样会种植农作物。当时的黄河流域气候寒冷、干燥,半坡人选中了抗旱能力强的粟(sù)。说到粟的种植,我们不得不提到狗尾草。这种植物,人们常能在路边看到,毫不起眼,似乎没有什么用途,可是在六千年前它养活了我们的祖先。半坡人长时间地驯化狗尾草,终于将其培育成了粟。粟去壳后叫小米,我们平常喝的小米粥就是用粟做成的,我国也是世界上最早种植粟的国家。

考古学家还发现,半坡人筑巢而居,他们的居住区的布局是环形的,在居住区的四周有一条壕堑(qiàn)围护。壕堑深6～7米,宽5～8米。在多雨的夏季,村落积水可以被疏导到这条壕堑中。除此之外,这条壕堑还被用来抵御野兽袭击和外族侵袭,成为聚落的第一道防护屏障。以今天的眼光来看,这条守护半坡村的壕堑工程量很小,但是在六千年前,这就是一项浩大的工程。半坡人没有现代挖掘设备,完全是用简单的石铲一铲一铲地掘成壕堑,这需要挖出1万多立方米的土,那时一个村子的人数不多,这项工程的艰难程度,恐怕不亚于后人开凿一条运河。中华民族的吃苦耐劳精神,在原始先民身上初步显现。在壕堑的北面是墓葬区,这是一片完整的公共墓地。在半坡村,成年人和儿童大多是分开埋葬的;儿童不葬于公共墓地,而是置于瓮棺内。瓮棺上有一个钻凿的孔洞,因为半坡人认为:人死而灵魂不灭,这是孩子灵魂的通道。他们还将这些瓮棺埋在房屋附近,也许是考虑孩子年纪还小,仍需父母照顾吧。

农业产生后,为了更好地盛放粮食和水,两地的先民们发明了陶器。人们在生活中发现,泥土经过火烧后变得坚硬,受到这一现象的启发,他们用泥捏成容器放在火堆上烧烤,制成了陶器。为了使陶器更加美观,他们还在上面刻各种纹样,比如猪的形象或者鱼的形象。几千年来,陶器一直是我国人民的主要生

---

① 一种远古时代的工具,类似现在的锹。骨耜比石器轻便灵巧,而且表面光滑,不容易沾泥,适宜在江南水田里使用。

活用具。

三、中国人为什么叫"炎黄子孙"?

今天的中国人常常把自己称作"炎黄子孙",你知道这是为什么吗?这里面有许多美丽的传说。

距今大约4000年前,黄河流域生活着两个部落:一个是上游的炎帝部落,另一个是中下游的黄帝部落。为争夺土地、人口、水源,两个部落爆发了战争,史称阪泉之战。炎帝先发制人,在黄帝没有防范的情况下,以火围攻,使得黄帝所在的轩辕城外浓烟滚滚,遮天蔽日。后来黄帝用水灭了火,亲自率领部队将炎帝赶回阪泉之谷,并叮嘱手下士兵只许和炎帝斗智斗勇,不许伤害他的性命。这是为什么呢?原来黄帝很仰慕炎帝的医药和农耕技术,想与他结盟。因此,在阪泉河谷中,黄帝竖起七面大旗,摆开了星斗七旗战法,令炎帝的士兵眼花缭乱,无计可施,双方就这样僵持了三年。然而,让炎帝没有想到的是,黄帝在明面上操练阵法,暗中却派人日夜掘进,早将地道挖到了炎帝营帐的后方。有一天,黄帝的士兵突然从地道中窜出,偷袭了炎帝的营帐,活捉了炎帝。黄帝最终取得了战争的胜利,随后两大部落结成联盟。

后来,炎黄部落联盟又与蚩(chī)尤部落在涿鹿交战。蚩尤召唤大雾弥漫三天三夜,黄帝受到北斗星的启发,发明了指南车,冲出大雾。最终,这场战争以炎黄部落联盟获胜结束,黄帝也因此被推举为新部落联盟的首领。这一部落联盟以后逐渐成为华夏族,所以中国人也就习惯性地称自己为炎黄子孙。炎、黄二帝早已成为中华民族的象征,每年清明时节,都会有大批海内外的炎黄子孙祭拜黄帝和炎帝,表达他们对祖先的崇敬之情。

四、为什么尧禅位给舜,舜禅位给禹?

1. 修订历法的尧

尧、舜、禹都是远古时期黄河流域的部落首领。相传黄帝之后,黄河流域有许多部落,为了增强实力,陶唐氏、有虞氏、夏后氏三个部落结成联盟,尧、舜、禹依次成为部落联盟的首领。尧，姓祁，名放勋，是司马迁《史记》中的"五帝"之一。他被派往今天的山西省祁县，20岁时成为部落联盟首领。尧当政初期，天文历法很不完善，百姓因为不知道春夏秋冬的变化而经常耽误农时。为了掌握气候的变化规律，他派羲（xī）叔住在一个叫明都的地方，观察太阳由北向南移动的情况，以白昼时间最长的那天为夏至，并参考火星的位置来校正；派和仲住在西方一个叫昧谷的地方，观察日落的情况，以昼夜平分的那天作为秋分，并参考虚星的位置来校正；派和叔住在北方一个叫幽都的地方，观察太阳由南向北移动的情况，将白昼最短的那天作为冬至，并参考昴（mǎo）星的位置来校正。二分（春分、秋分）、二至（夏至、冬至）确定以后，尧决定以366天为一年，每三年设置一个闰月，用闰月调整历法和四季的关系，使每年的农时正确，不出差误。古人将帝尧的时代视为农耕文化飞跃的时代。

2. 孝名遍天下的舜

舜，姓姚，名重华，字都君，传说中的"五帝"之一。和传说中的某些大人物一样，舜在外貌上也有和平常人不同的地方：一个眼睛里有两个瞳孔，即所谓的重瞳。舜在20岁的时候，名气就很大了，因为他非常重视孝道。舜孝顺到什么程度呢？舜的母亲去世后，他的父亲又娶了一位妻子，并生下了一个男孩。舜的父亲听信了妻子的谗言，意图谋害舜，夺取他的家产。父亲、继母和弟弟都把舜看成了眼中钉、肉中刺。有一次，舜的父亲让舜修补仓房的屋顶，自己却在下面纵火焚烧仓房。舜将两只斗笠做成翅膀，从房顶跳下，才幸免于难。还有一次，舜的父亲又让舜掘井，待井挖得很深了，舜的父亲和弟弟在上面填土，想把井堵上，将舜活埋在里面。幸亏舜事先有所警觉，在井筒旁边挖了一条通道，从通道穿出，又躲过一劫。历经种种磨难，舜也没把这些事放在心上，仍然一如既往地孝顺父亲和继母，爱护兄弟，而且比以前更加诚恳、谨慎。因为孝顺，舜得到了尧的认可，被指定为继承人。

3. 与洪水搏斗的禹

说到禹，想必大家都听说过"大禹治水，三过家门而不入"的故事吧。禹治理的水就是现在的黄河。传说，当时黄河泛滥，水患威胁着人们的安全。禹与涂山氏女娇新婚不久便匆匆出发，踏上了治水的征程。后来，他路过家门口，听到妻子在生产，知道孩子要出生了，但一想到开山导流刻不容缓，便顾不上回家，又走上了治水一线。等到禹第二次经过家门的时候，他的儿子启正被母亲抱在怀里，已经懂得叫父亲，挥动小手，跟禹打招呼，禹只是向妻儿挥挥手，表示自己看到他们了，还是没有停下来。禹第三次经过家门时，儿子已长到十多岁，他跑过来使劲把禹往家里拉。可是，禹认为洪水未治理好，没空回家，便匆忙离开，依然没进家门。经过十三年的治理，禹终于取得成功，消除了中原洪水泛滥的灾祸。人们为表达对禹的感激之情，尊称他为"大禹"，即"伟大的禹"。禹也因为治水有功，后来接替了舜，成为新的部落联盟首领。

第二节 上古三代，得道多助

说到商纣王和妲（dá）己之间的故事，大家都不陌生。即使没有看过《封神演义》这部小说，近年来以此为题材的影视作品也是层出不穷，塑造了纣王、妲己、申公豹、姜子牙、姬发等形象。这些人物形象是否符合历史？让我们一起走进夏、商、周三代，看一看历史的真实情况是否如文人笔下所描绘的那样，理解王朝更替中民心向背的重要性。

一、夏朝没有文字，如何证明它真实存在过？

1. "家天下"的夏朝

舜去世后，大家为舜守孝三年，三年期满，禹做出一个出乎大家意料的决定——将自己的位置让给舜的儿子商均，自己则跑到阳城居住。但是天下人并没有因为禹的这个决定而团结在商均的周围，他们纷纷离开商均，继续团结在禹的周围。大家认为，区区一个部落联盟首领的位置已经不能表达对大禹的崇敬之情，于是决定拥戴他为王。禹推辞不过，只好答应众人的请求，登上了王位，并且将他的所在地阳城定为新王朝的都城。中国历史上的第一个王朝——夏朝正式诞生，此时大约是公元前2070年。

禹登上王位后，采取了一系列措施巩固自己的王朝统治。对外，他率领军队打败了南方的三苗部落；对内，他制定法律，设置监狱，以此来维护治安，保证王朝的安定；为了方便人们按时进行农业生产，他还创制了新的历法。实行了这些措施后，这个新生王朝逐渐步入正轨。

每个人的生命都有走到尽头的时候，禹当然也不例外。当他的生命即将走到尽头时，一个问题出现了，那就是该选谁作为接班人。也许，当时禹的意识中还有浓厚的禅让制观念，于是他决定将位置传给伯益。然而这一次，历史的走向与之前完全相反。禹的儿子启凭借强大的势力，在禹死后继承了他的位置，从此世袭制代替了禅让制。

2. 考古研究中的夏朝

关于夏朝是否存在，史学界一直存在争议。直到1959年，考古学家发现了二里头遗址，才使得这一问题的答案逐渐明朗。

二里头遗址在今天河南省洛阳市偃师区，其年代相当于古代文献中的夏、商王朝时期。该遗址南临古洛河、北依邙山、背靠黄河，面积不少于3平方千米。

考古学家在遗址内发现了宫殿、居民区、制陶作坊、铸铜作坊、窖穴、墓葬等遗迹，出土了大量石器、陶器、玉器、铜器、骨角器等遗物，其中的青铜爵是目前所知中国最早的青铜容器。他们根据这些遗物和遗迹，推断出二里头遗址是一座精心规划、庞大有序、史无前例的王朝大都，这处遗址距今的年代大约和中国古代的夏王朝相当。今天，二里头遗址已经是全国重点文物保护单位，对研究华夏文明的渊源、国家的兴起、城市的起源建设、王宫定制等重大问题具有重要的参考价值。

3.《史记》中的夏朝

史学家司马迁在《史记》中也有一段关于夏朝的记载。

夏朝的最后一个王是夏桀（jié），当时他的统治已经岌岌可危。面对如此危局，夏桀不但没有振兴夏朝的想法，反而更加骄奢淫逸。他宠爱有施氏之女妺（mò）喜，为她营建寝宫瑶台。妺喜喜欢听布帛撕裂的声音，他就叫人找来许多丝布，供妺喜撕裂以讨她的欢心。夏桀手下有个叫关龙逄的臣子，听到老百姓的愤怒声音，觉得大事不妙，便对桀提出忠告，要他节省用度，不然会有亡国的危险。夏桀不但不听，反而杀死了关龙逄。有正直的大臣劝说夏桀，希望他体察百姓的疾苦，用心治理天下。夏桀却认为，人民跟他的关系，就是太阳和月亮的关系，月亮还没有灭亡，太阳难道会灭亡吗？当此话传到百姓的耳中时，他们纷纷指着太阳说："若太阳灭亡，我这个月亮愿意跟你同归于尽！"到了晚年，桀更加荒淫无度，竟命人造了一个大池，称之为夜宫，他生活在池内，一个月不上朝。后来，夏桀与商汤交战于鸣条（今山西省运城市安邑镇北，一说在今河南省封丘县东部），史称鸣条之战，夏桀兵败被俘，被放逐于南巢（在今安徽省巢湖市西南），夏朝覆亡。

二、商纣王为什么会被打败？

夏朝之后的王朝是商朝，当时有个附属于商的部族叫周，周在几代人的治理下逐渐强大起来。

周文王姬昌成为周的领袖之后，一方面继续依附商朝，另一方面不断地增强周的实力。商朝末代君主纣王看到周日渐强大，忧心不已，便将姬昌关进监狱，残忍地逼迫他喝下用其长子伯邑考的肉做成的汤，以此试验姬昌是否忠君。周人为了搭救身陷囹圄的姬昌，给纣王送去了很多宝马和美女。纣王见到宝马和美女后非常高兴，立即将姬昌释放。这一举动真可谓放虎归山，姬昌回到周之后，更加励精图治。他采取了一系列措施提高周的实力：对内，他发展生产，制定法律，大肆搜捕逃亡奴隶，防止劳动人口流失；对外，他积极进行扩张，使很多小部族纷纷归附。此时，姬昌觉得是时候和商朝进行决战了，于是他开始积极准备灭商的事宜。可惜的是，姬昌在积极准备灭商的过程中驾鹤西去。不过，周并没有因此而停下脚步，姬昌的次子姬发继承父志，继续积极地为推翻商朝做准备。

此时，纣王统治下的商朝更加衰败。纣王的脾气也越来越火爆，甚至将暴戾之气撒在了自己亲人的身上。他杀掉叔叔比干，囚禁箕（jī）子。大臣们每日上朝都胆战心惊，生怕一个不小心触怒纣王，丢掉性命。有些大臣为了保全性命，便改换门庭，投奔了周。在这样的形势下，周武王姬发敏锐地察觉到推翻商朝的时机已经来了。他果断地举起反商大旗，在姜子牙等人的辅佐下，联合其他部族，率领战车 300 辆，虎贲 3000 人，穿戴甲胄的战士 45 000 人，讨伐纣王。两军在牧野进行了最后的决战，史称牧野之战。纣王的军队在数量上虽然占据优势，但是军队大多由奴隶和俘虏组成，战斗力不强且无心恋战，双方军队交锋之际，纣王的军队临阵倒戈。最终，周武王击败纣王，于公元前 1046 年建立周朝，定都镐（hào）京。

三、为什么西周"成也制度,败也制度"?

1. "百姓"叫法的由来

"百姓"是我们常常挂在嘴边的自称,意思是普通人。然而,在古代,"百姓"并不是普通的平民,而是贵族。因为在周朝只有贵族有姓,而且拥有土地,而庶民无姓,于是"百姓"也被认为是贵族的通称。《尚书·尧典》中记载:"九族既睦,平章百姓。"这里面的"百姓"就指贵族。春秋后期,则成为平民的通称。

在周朝,究竟哪些人是贵族呢?这个问题与西周推行的两项政治制度——分封制和宗法制有关。

周朝的统治区域远远超过夏朝和商朝,那么周朝如何管理如此庞大的疆域呢?为此,周王和大臣们开动脑筋,想出了一个好办法——实行分封制。所谓分封制,就是周王根据大家的功劳和血缘关系的亲疏远近,将土地和人口分给宗亲、功臣、以前帝王的后代,让他们建立诸侯国。受封的诸侯在自己的封地内再进行分封,形成卿大夫;卿大夫再继续分封,形成士。当时只有诸侯、卿大夫和士才能被称为贵族。贵族在自己的封地内享有管理权,同时也要对上一级履行义务。

当时诸侯除了帮助周天子管理土地,还要随时听从周天子的召唤,带着军队与周天子一起征战。此外诸侯每年还要去镐京朝见周天子,向周天子汇报工作。

复杂的管理问题解决了,新的问题又来了。古时候没有强制规定一夫一妻,也没有"计划生育"这项政策,可是诸侯的位置只有一个,那么,受封的诸侯去世之后,他的位置应该由谁来继承呢?如果这一问题不能得到妥善解决,必然会引发内部的争斗。周天子和大臣们开会讨论之后决定,诸侯死后,他的位置由正妻所生的大儿子继承,而其他儿子只能被分封为卿大夫;卿大夫死后,同样由正妻所生的大儿子继承其位置,其他儿子就被分封为士。这样的继承制度在历史上被称为宗法制。分封制与宗法制相配合,有效保证了统治集团内部的团结与稳定。但不可否认,西周的灭亡也是由周幽王破坏宗法制所引起的。

2. 西周亡国的真正原因

西周末年,天灾不断,先是关中一带发生大地震,紧接着是连年的旱灾,百姓饥寒交迫、四处流亡，社会动荡不安。此时正值周幽王统治时期，周幽王是个荒淫无道的人，他不去思索如何挽救周朝的危亡，反而重用奸臣虢（guó）石父，对内盘剥百姓，对外攻伐西戎。

大臣褒珦（xiàng）劝谏周幽王，周幽王非但不听，反而把褒珦关押起来。褒珦被关在监狱中三年，褒族人千方百计要把褒珦救出来，他们听说周幽王好美色，正广征天下美女入宫，就借此机会寻访美女。功夫不负有心人，他们终于在褒城内找到一位姒姓女子，这女子长得十分明艳动人。褒族人将她带回去，给她取名为褒姒，把她打扮起来，教她唱歌跳舞。经过一段时间的训练，褒姒变得能歌善舞。褒族人觉得时机已到，就把她献给周幽王，替褒珦赎罪。

周幽王见了褒姒，甚是喜欢，马上封她为妃，同时释放褒珦。自此以后，周幽王十分宠幸褒姒，过起了荒淫奢侈的生活。但有个问题让周幽王很苦恼：褒姒虽然生得艳如桃李，却冷若冰霜，自进宫以来没有笑过一次。周幽王为了博得褒姒开心一笑，不惜想尽一切办法，但都以失败告终。既然自己想不出办法，周幽王就悬赏向大臣们求计：谁能引得褒姒一笑，可得赏金千两。大臣虢石父向周幽王建议，用烽火台试一试。

烽火本来是古代敌寇侵犯时的紧急军事报警信号。西周当时经常遭到犬戎的袭扰，周王为防备犬戎的袭击，组织了大批工役，在都城镐京附近的骊山一带每隔几里就修筑一座烽火台，一共修了20多座。一旦犬戎进犯，首先发现敌情的哨兵立刻在台上点燃烽火，邻近烽火台也相继点火，向附近的诸侯报警。诸侯见了烽火，知道京城告急，天子有难，就会起兵勤王，赶来救驾。虢石父正是想到了烽火台的这一作用，于是建议周幽王平白无故点起烽火，招引诸侯白跑一趟，以此逗引褒姒发笑。昏庸的周幽王听了虢石父的建议后，觉得此计大妙，便马上带着褒姒，在虢石父的陪同下登上了骊山烽火台，命令守兵点燃烽火。一时间，狼烟四起，烽火冲天，各地诸侯一见警报，以为犬戎打过来了，纷纷带领本部兵马火速赶来救驾。可他们赶到骊山脚下时，连一个犬戎兵的影子都没看到，只听见山上传来阵阵奏乐和唱歌的声音。诸侯们抬头一看，只见周幽王和褒姒正在山上饮酒作乐。周幽王派人告诉诸侯们，这儿没什么事，刚才是大王和王妃放烟火取乐。诸侯们此时才恍然大悟，原来他们被周幽王戏弄了，虽然心中有怨气，但是也拿周幽王没办法，只好带着军队原路返回。褒姒看见千军万马招之即来，挥之即去，如同儿戏一般，觉得十分好玩，不禁嫣然一笑。周幽王大喜，立刻赏虢石父千金。此后，周幽王用相同的招数多次戏弄诸侯们，使自己在诸侯间的威信大大降低。

周幽王为进一步讨褒姒欢心，又罔顾祖宗的规矩，册封褒姒为后，改立褒姒生的儿子伯服为太子，废黜原来的王后申氏和太子宜臼，并且剥夺了王后的父亲申侯的爵位，还准备出兵攻伐他。申侯得到这个消息，便先发制人，联合缯侯和犬戎，进攻镐京。周幽王听到犬戎进攻的消息，惊慌失措，急忙命令烽火台守卫点燃烽火。烽火台上白天冒着浓烟，夜里火光冲天，可就是没有救兵到来，周幽王叫苦不迭。镐京守兵本就不满将领经常克扣粮饷，怨恨周幽王昏庸无道，这时也都不愿效命。等犬戎带兵到来，周朝士兵勉强招架了一会儿，便一哄而散，犬戎的兵马顺利地进入了镐京。周幽王带着褒姒、伯服，从后门仓皇逃出，奔往骊山。途中，他再次命令点燃烽火，烽烟虽直透九霄，还是不见有救兵前来。犬戎的兵马紧紧追逼，周幽王的部下也在一路上纷纷逃散，最后只剩下100余人逃进了骊宫。到了骊宫之后，周幽王采纳臣下的意见，放火焚烧前宫门，以迷惑犬戎兵，自己则带着部下从后宫门逃走。逃不多远，犬戎兵又追了上来，一阵乱杀，最后只剩下周幽王、褒姒和伯服三人，他们早已被吓得瘫痪在车中。犬戎兵见三人中有一人穿戴着天子的服饰，料定他是周天子，当场将他砍死。他们又从褒姒手中抢过太子伯服，将他一刀杀死。至此，西周宣告灭亡。公元前770年，周平王将周朝的都城迁往洛邑，即今天的河南省洛阳市，史称东周。

四、古人如何铸造出庞大的青铜器？

近几年，考古学家在黄河流域的多处遗址中发掘出了距今四五千年的青铜器。但说中国青铜器发展最灿烂辉煌的时候，还是距今三千多年的商朝与周朝。

商代青铜器制作工艺十分精湛，青铜铸造规模宏大，分工细致。当时的能工巧匠已经能准确把握青铜中铜、锡、铅三者的比例，制造出不同用途的器皿。青铜器的铸造通常采用泥范铸造法。泥范铸造法分为五个步骤：制模，翻外范[①]，

[①] 外范就是模外面的"壳"，铸造空心器物时，先制造模子，然后根据模子做外范。

制内范，合范，浇铸。将熔化的青铜溶液沿浇注孔注入，等青铜溶液冷却后，打碎外范，掏出内范，将所铸的青铜器取出，经过打磨修整，一件精美的青铜器就制作完成了。

商周时期是青铜器的灿烂辉煌时期，在青铜器的表现上呈现出不同的特点。商代青铜器的特点就是大，商人铸造了目前世界上出土最重的青铜器——司母戊（wù）鼎，重达835.84千克。西周出土的最大的青铜器大克鼎，重量有200多千克，只有司母戊鼎的1/4。相对于商代而言，西周人更喜欢在青铜器上写字。西周时期的毛公鼎上刻了499个字。这件青铜器高5.38米，腹深2.72米，口径4.7米，重34.7千克，令人不得不感佩古人青铜铸造技术的高超。

哇！原来是这样

商代的司母戊鼎的由来有两种说法：一说，"司"同"祀"，母戊是商王文丁之母的庙号，鼎是文丁为祭祀母亲所铸；另一说，"司"意为"后"，表明墓主人乃商王之后。

1976年，安阳殷墟妇好墓发掘出后母辛鼎，经对比发现，后母辛鼎的形制、纹饰和铭文的风格均和司母戊鼎一致，而历史记载妇好是商王武丁的一个王后，专家由此断定出土司母戊鼎的墓主人也是武丁之妻。司母戊鼎是商王祖庚或祖甲为祭祀母亲戊而制作的祭器。这样反推，"司"应当是"后"的意思。

五、中药龙骨和甲骨文有什么关系？

上古时期并没有纸张，如果要写字，该写在什么地方呢？大家千万不能低估古人的智慧，在长期的实践中古人发现，可以将文字刻在龟甲或者兽骨上，这就是我们今天所说的甲骨文。这些距今三四千年前的古文字，其发现过程很有意思。据说清朝末年，河南安阳有农民发现了这些刻有符号的龟甲，当时他们并没有在意，将这些刻有符号的龟甲当作龙骨卖给了中药店作药材。1899年，在北京做官的王懿（yì）荣得了病，到中药店买药，发现这些龙骨上刻有符号，便买下了中药店里所有带符号的龙骨。经过仔细的研究和分析，王懿荣推断这些符号就是商代的文字。今天，考古学家已发现超过 15 万片甲骨，单字 4500 个，遗憾的是只认出了 1500 个字左右。

甲骨文所记载的内容十分丰富，涉及祭祀、战争、农牧业、官制、刑法、医药、天文历法等。甲骨文有多种造字方法，如象形、指事、会意、形声等。象形是最原始的造字方法，用图形、线条把物体的外形描绘出来。甲骨文是中国已发现的古代文字中年代最早、体系较为完整的文字，对中国文字的形成与发展有着深远的影响。甲骨文已经具备了汉字的基本结构，很多字体至今仍然在使用，是汉字形成与发展的重要阶段，我国有文字可考的历史也是从商朝开始的。

第三节　王室衰微，诸侯争霸

提到春秋战国，你会想到"问鼎中原""卧薪尝胆""纸上谈兵""一鼓作气"这些耳熟能详的成语，还是诸侯争霸、连绵不断的战争？春秋战国时期是中国历史上的大分化时期，王室衰微，诸侯争霸，整个社会处于动荡与巨变之中；变法革新，人才辈出，百家争鸣。下面就让我们一起走进春秋战国这个战火纷飞的时代。

一、你知道能吃苦的人有多厉害吗？

能吃苦几乎是春秋霸主们自带的一项技能。能吃苦的人的最初版是齐桓公。齐桓公名叫小白。当年齐国国君齐襄公荒诞妄为，公子小白和哥哥公子纠逃到外地避乱。后来齐襄公被人杀死。齐国有人拥戴公子纠，有人拥戴公子小白，两派人马分别派人迎接两位公子回国，谁先赶回齐国谁就是齐国新任国君。在路上，公子纠派管仲劫杀小白。管仲一箭射中了小白的衣带钩，小白顺势假死。后来，小白日夜兼程，早公子纠一步回到齐国，成为齐桓公。本来齐桓公要杀掉管仲以报一箭之仇，后来，他听从鲍叔牙的建议，放下仇恨，重用管仲。在鲍叔牙、高傒和管仲的辅佐下，齐国走向强大。公元前651年，齐桓公在葵丘（今河南省商丘市民权县东北）大会诸侯，连当时的周襄王也派来使者参加，葵丘之会标志着齐桓公所建立的霸业达到了顶峰。

能吃苦的人的加强版是晋文公。晋文公重耳在青年时就追随父亲晋献公创业，但是由于晋献公在晚年宠信骊姬，逼死太子，迫使公子重耳走上了艰辛的流亡之路，这一流亡就是19年。重耳在流亡途中经过卫、齐、曹、宋、郑等多个国家，这些国家有的对他冷眼相待甚至进行羞辱，有的把他奉若上宾。重耳到楚国的时候，楚成王用诸侯的礼节招待他，重耳内心既感激又惭愧。于是重耳对楚成王许诺："如果以后迫不得已晋国要和楚国的军队作战，我会命令晋国的军队退避三舍①。"后来晋国因支持宋国与楚国发生矛盾，两军在城濮（pú）相遇，重耳信守与楚成王的承诺，退避三舍，诱敌深入而大胜。

重耳在外流亡了19年才重新回到晋国，当他再次回到晋国即位的时候，已经是62岁的老人了，大多数晋国人拥护他的统治。19年的流亡生活让晋文公饱尝人间艰辛，也充实了他的人生阅历，磨砺了他的意志，锻炼了他的政治才能，这都是他能称霸的强大资本。

能吃苦的人的终极版是春秋晚期的霸主越王勾践。春秋末期，江南的越国被吴国所灭。越王勾践被吴王夫差困在会稽山的时候，曾伤心地叹息说："难道我就在这里完蛋了吗？"大臣文种安慰他说："商汤曾被关押在夏台，周文王曾被囚禁在羑里，晋公子重耳曾逃亡到翟国，齐公子小白也曾逃难到莒（jǔ）国，但他们后来全都称了王、称了霸。从这些人的例子看，谁能说我们这次不是一件好事呢？"后来吴国宽赦了越国，越王勾践回国后吃苦耐劳，每天冥思苦想准备报仇雪耻。他"置胆于坐，坐卧即仰胆，饮食亦尝胆也"，每天用舌头舔舔苦胆的苦味，时刻提醒自己过往的苦日子，发奋图强，报仇复国。后来越王勾践打败了吴王夫差，成为春秋最后一位霸主，这就是卧薪尝胆的故事。

苏轼曾说："古之立大事者，不惟有超世之才，亦必有坚忍不拔之志。"这些霸主正是因为具有吃苦的精神和超乎他人的宝贵品质，才"自带主角光环"，成就霸业。当然，助攻他们走上人生巅峰的还有他们背后的辅佐者，这些人通过变法助力各国霸主实现国家富强的雄心壮志，推动着历史车轮滚滚向前。

二、商鞅为何死于自己制定的法律？

1. 商鞅变法，民富国强

秦国在春秋时期有过秦穆公称霸的辉煌时期，到了战国，秦国因地处偏远加上之后的国君也不争气，故实力远远落后于东方诸国，以至于当时的中原诸侯都看不起秦国人，诸侯会盟都懒得叫他们参加。公元前361年，秦孝公即位，他决心改变秦国的落后局面，遂向全国下变法求贤令，商鞅就是在秦孝公求贤令的感

---

① 古代行军30里为一舍，这里晋军主动退让楚军三舍，为90里，即45千米。

召下来到秦国的。

变法一开始便遭到了以甘龙、杜挚为首的保守派的反对，双方便在朝堂展开了论战。甘龙、杜挚认为按照旧的礼法章程进行绝对不会错，对此商鞅针锋相对地指出："治理天下的办法是不一样的，我们要的是方便有利，而不是为了仿效古人。商汤和周武王都没有遵循古法而成就了王业，夏桀和商纣倒是没有改变旧礼却亡国了。"秦孝公听后大为赞赏。公元前356年，秦孝公任命商鞅为左庶长，在全国实行变法。

商鞅变法称得上是战国时期最成功的变法，因为他成功地解决了秦国的"国贫"和"军弱"的问题。

商鞅鼓励开垦荒地，奖励耕织，以农业为主业，如果耕地种植好的，可以免除其劳役和赋税。这些对贫苦农民来说是比较人性化的，人们积极耕作，解决了秦国经济贫困和粮食不足的问题。

此外，商鞅通过奖励军功的方法训练出一支战无不胜的军队。商鞅规定：官吏从有军功的人中选用。当时分为二十级爵：第一级叫公士，第二级叫上造……第十九级叫关内侯，第二十级叫彻侯。将士们在战争中斩敌人首级一个，授爵一级，可为五十石之官；斩敌首二个，授爵二级，可为百石之官。各级爵位均规定有占田宅、奴婢的数量标准和衣服等次。由于奖励战功，秦国军队的战斗力大大增强。公元前355年，秦孝公与魏惠王在杜平（今陕西省澄城县东）相会，结束了秦国长期不能与中原诸侯会盟的被动局面，提高了秦国的地位。此外秦国还通过武力逐步占有了土地肥沃、农业发展水平较高的巴蜀地区和盛产牛马的西北地区，为秦统一全国奠定了物质基础。

2. 商鞅虽死，秦法犹存

新法实行十年，秦国百姓皆大欢喜，路上不捡拾他人遗物，山中没有螟（máo）贼①强盗，家家富裕，人人满足。商鞅的变法虽然成功了，但其个人的结局却是悲惨的。

新法推行时，太子嬴驷触犯了法律，商鞅为了维护法律尊严，惩罚了太子

---

① 吃禾苗的两种害虫，比喻危害人民或国家的人。

的两位师傅（公子贾脸上被刺字，公子虔被割了鼻子），因此得罪了太子和他的师傅们。秦孝公死后，太子嬴驷即位，史称秦惠文王。秦惠文王本来就对商鞅有宿怨，加上当时商鞅的威望过高，人们只知有商君，而不知有秦王，这个时候，公子虔和甘龙、杜挚等一干守旧派纷纷跳了出来，指责商鞅有谋反之心。于是，秦惠文王下令逮捕商鞅。商鞅一路逃亡至边关，由于没有身份凭证，他想入住客栈被店家拒绝。店家说，按照商君之法，留宿没有证件的客人是要被治罪的。听到此言后，商鞅感慨万千。后来商鞅逃回封地商地，被秦惠文王的军队捉住，最后商鞅被车裂（五马分尸）处死，全家也被灭族。商鞅死后，守旧派指望秦惠文王立即废除新法，但令这些守旧派没有想到的是，秦惠文王没有这么做，而是继续执行新法。商鞅之死固然是因为他触犯了旧贵族的利益，但也与他治国手段过于严苛有关。法与情是矛盾的，没有商鞅的变法，就没有秦国的强大，或许秦国就不能统一全国。但商鞅刑罚太重，虽然立了威，有了信，却失去了人情，甚至失去了人心，这也为他自己埋下了悲剧的种子。

三、苏秦和张仪真的是对手吗？

1. 苏秦、张仪并未遇见

战国初期，经过不断的兼并，小国逐渐被强国兼并，只剩下秦、楚、韩、赵、魏、齐、燕七国，即战国七雄。战国时期各诸侯国之间解决矛盾的方式简单粗暴，就是打仗。你的实力是强还是弱？打一仗就知道了。不过，打仗也不是闭着眼睛瞎打，也要讲究策略，这个策略就是合纵连横。具体怎么做呢？"合纵"就是指燕、齐、赵、魏、韩、楚六国联合起来共同抵抗西方的强秦，战线从北到南纵向合成。与"合纵"对应的是"连横"，即秦与六国单独结盟，从西向东连成六条横线，以破坏六国联盟战线。

2000多年来，苏秦和张仪一直被认为是合纵连横斗争中的对手：苏秦大搞合纵，而张仪坚持连横。1973年出土的长沙马王堆帛书《战国纵横家书》却表明：苏秦死于公元前284年，张仪死于公元前310年，苏秦的主要活动均在张仪身死之后，张仪在秦国任相时，苏秦还没踏入政坛。尽管这样，苏秦和张仪的故事仍然被后人津津乐道。

2. 张仪戏弄楚怀王

最早提出合纵政策的是公孙衍。他的对手是张仪。秦王想离间齐国和楚国的联盟，于是派张仪到楚国游说。楚怀王见到张仪，问他："先生到我国，有何见教？"张仪说："我到楚国，是为跟秦国和好而来。"楚怀王说："我想跟秦国和好，只是秦国经常攻打我们，所以我们没法与秦国和好。"张仪对楚怀王说："如今七国当中，只有楚国、齐国和秦国是最强大的国家。秦国如与齐国结好，则齐国的力量强大；如与楚国结好，则楚国的力量强大。但是秦王更愿意与楚国结好。如果大王能与齐国断绝关系，秦王愿意归还当初占领楚国的600里①土地。"楚怀王听了以后非常高兴，连忙说："秦国愿意归还土地，我还和齐国结盟干什么呢？"大家都在祝贺楚怀王的时候，大臣陈轸（zhěn）却认为不妥，进谏说："张仪是个反复无常的小人，他的话可不能全信！"楚怀王却不相信陈轸的话。张仪离开楚国的时候，楚怀王赐予他黄金、良马，又派使者跟随张仪来到秦国接受土地。谁知一到咸阳，张仪就称病不起，闭门谢客。楚国使者等了三个月，实在等不起了，就直接去面见秦王，诉说当时张仪答应归还楚国土地的事情。秦惠文王回复道："张仪如果真这样说了，我肯定会按照当时的约定归还土地，但是我听说楚国和齐国还没有完全断绝关系，我担心楚国欺骗我。"楚国使者于是派人送信给楚怀王，把秦王的话复述了一遍。楚怀王派人到齐国边界大骂齐王。齐王大怒，马上派使者来到秦国，说愿意与秦国一起攻打楚国。张仪听说齐国使者来了，知道自己的计划已经成功，于是面见楚国使者，故作惊讶地问："您怎么不接受土地，还留在秦国呀？"楚国使者说："秦王正等候您商量土地的事情，请您把事情向秦王说清楚。"张仪说："这和秦王没关系呀，我说的是把我自己的6里土地自愿献给楚王。秦国的土地都是士兵们辛辛苦苦打下来的，一尺一寸都不肯轻易丢失，何况600里。"楚国使者听了目瞪口呆，只得返回楚国向楚怀王报告此事。楚怀王这时才知道上了张仪的当。

---

① 指600里见方，1里的边长约为422米，1里见方约为0.18平方千米，600里约为6万平方千米，这里指的是从商邑到於邑，总计15城。

3. 苏秦游说六国抗秦

苏秦早年不得志，在外游学，一无所成，当他落魄地回到家中时，遭到了全家人的白眼。于是苏秦发奋读书，研究天下形势。当读书困倦时，他便用锥子刺大腿逼自己读书。一年后，苏秦的学问大有长进，决定离开家乡，实现自己的理想。

苏秦来到赵国，对赵国国君说："现在太行山以东的国家中，赵国最强，秦国不敢贸然进攻赵国，是因为秦国担心在讨伐赵国的过程中，韩、魏两国会偷袭秦国。韩、魏两国没有高山作为屏障，如果秦兵大举进攻，吞并两国，那么进攻赵国的日子也就不远了。我在研究地图的过程中发现，六国的土地加起来比秦国大5倍，士兵比秦国多10倍。如果六国团结一致，很快就能攻破秦国。依我的意见，不如各国国君结盟定誓，结为兄弟。如果秦国攻打一国，其他五国一起救援，如违背誓约，诸侯共同讨伐。如此一来，秦国虽然军事实力强大，也不敢以一国之力对抗六国。"赵王听后大喜，任命苏秦为相国，命其带着无数宝物，去联络各国。

苏秦来到韩国，拜见韩王说："韩国害怕秦国，经常割地给秦国。韩国的国土有限，而秦国又贪得无厌，您又有多少土地可以割让呢？不如韩国和赵国结盟，共同抵御秦国。"韩王听完，欣然同意，愿意与赵国结盟，抵抗秦国。

随后苏秦又来到魏国游说魏王，魏王也接受了苏秦的建议。苏秦接着来到齐国，对齐宣王说："齐国是强大富庶的国家，却要不断地讨好秦国，您就不感到羞耻吗？如果齐国与赵国结盟，大家团结一致，抵抗秦国，这不是很好吗？"

齐王同意后，苏秦又来到楚国，拜见楚王说："楚国兵精粮足，大王又是天下的贤主，为什么听命于秦国？秦国最引以为忧的莫过于楚国，楚国强盛则秦国衰弱，楚国衰弱则秦国强大，楚、秦两国势不两立。所以，我为大王考虑，不如六国结成合纵联盟孤立秦国。大王如果不组织六国合纵联盟，秦国必然会从两路进军，一路出武关，一路下汉中，这样，会引起楚国震动。您如果接受我的意见，我可以让山东各国四时都来进贡，听您的诏令。"听完苏秦的话，楚王出于对国家安全的考虑，也决定参加合纵联盟。

燕国早于赵国决定联合其他国家抵抗秦国。苏秦完成使命后，回到了赵国。

由此，六国正式结盟。苏秦一人掌握了六国相印，风光无限。

四、百家争鸣到底在争什么？

战国时期，社会产生了很大的变动，这种变动也在思想文化方面反映出来。不同派别的思想家对于剧烈的社会动荡都在进行各自的分析，努力做出自己的解释，并给出治世的药方。他们互相争辩，非常活跃，史书上把这种局面称为百家争鸣。那么，百家争鸣在"争"什么？其实他们"争"的是用哪家学说来治理国家。其中以道家、儒家、法家影响最大。

道家的创始人是老子，他主张采取"无为"的策略来治理国家。他说："我无为而民自化，我无事而民自富，我好静而民自正，我无欲而民自朴。"只要统治者清净寡欲，不要过分地骚扰百姓，百姓自会生活安定，发展生产。老子反对法治、反对尚贤、反对礼治、反对战争。

儒家的代表人物是孔子，孔子的核心思想是"仁"。"仁"简单地说就是有爱心，有同情心。有一次孔子路过泰山脚下，看到一个妇人在墓前哭得很悲伤。孔子让学生子路前去询问，妇人说："之前我的公公被老虎咬死了，后来我的丈夫也被老虎咬死了，现在我的儿子又死在了老虎口中！"子路问："你为什么不离开这里呢？"妇人回答说："这里没有残暴的政令。"子路回来后告诉孔子，孔子感叹道："苛刻残暴的政令比老虎还要凶猛啊！"这个"苛政猛于虎"的故事说明孔子希望统治者能够用德政治理国家，反对苛刻残暴的统治。

法家的代表人物是韩非子。我们熟知的"守株待兔"的故事就出自他的著作《韩非子》。《韩非子·五蠹》记载：战国时宋国有个农民，他的田地中有一截树桩。一天，一只跑得飞快的野兔撞到树桩上，撞断脖子死了。于是，农民便放下农具日日夜夜守在树桩旁边，希望能再得到一只兔子。然而野兔是不可能再次得到的，而他自己也被后人所耻笑。法家用这个"守株待兔"的故事比喻做事守旧，不知变通。法家主张与时俱进，反对儒家的空谈仁义，主张树立君主权威。这与当时的社会形势非常贴合，秦王嬴政就是采用了法家思想，最后统一了六国。

参考文献

[1] 安家媛. 北京人的发现：中国重要古人类遗址 [M]. 天津：天津古籍出版社，2008.

[2] 邢涛. 中国通史（上）[M]. 北京：华夏出版社，2008.

[3] 罗琨，张永山. 中国军事通史 [M]. 北京：军事科学出版社，1998.

[4] 钟道宇，何诗毅. 江山与美人 [M]. 北京：中国文史出版社，2003.

[5] 司马迁. 史记（文白对照本）[M]. 韩兆琦，译. 北京：中华书局，2012.

[6] 赵毅，赵铁峰. 中国古代史（第二版）上册 [M]. 北京：高等教育出版社，2010.

[7] 袁行霈，严文明，张传玺，等. 中华文明史 第一卷 [M]. 北京：北京大学出版社，2006.

[8] 黄谓金. 河姆渡人饮食习俗 [J]. 农业考古，1997（3）：254-258.

[9] 张维慎. 新石器时代河姆渡人与半坡人居址选择比较研究 [J]. 西安：陕西师范大学学报（哲学社会科学版），2000（4）：97-102.

[10] 李玲玲. 先秦诸子书中的尧舜禹传说研究 [D]. 石家庄：河北师范大学，2006.

[11] 白云翔. 中国的早期铜器与青铜器的起源 [J]. 东南文化，2002（7）：13.

第二章
短命秦朝与汉朝一统

第二章　短命秦朝与汉朝一统

第一节　秦虽短命，影响千秋

"并吞天下九千日，一统寰（huán）中十五年。坑灰未乾高祖至，骊山丘垅已萧然。"宋朝诗人邵雍用短短 20 个字勾勒出秦朝从统一到灭亡的大致情形。秦王嬴政用了十余年的时间结束百年乱世，建立起中国历史上第一个大一统的封建王朝——秦朝。此时的他，志得意满，幻想自己亲手建立的庞大帝国可以传承万世。理想很丰满，现实很骨感。这个庞大的王朝在十五年后轰然倒塌。秦国如何从战国七雄中脱颖而出完成统一？嬴政采取了哪些措施巩固他的庞大帝国？这样一个庞大帝国又为何仅仅存在了十五年呢？今天就让我们一起走进大秦王朝，了解它的治乱兴衰过程。

一、秦国凭什么能统一天下？

1. 外交策略——远交近攻与合纵破灭

春秋战国时期，秦国地处西陲，相对于东部地区而言，在自然条件、经济、文化等方面要落后很多，但是秦国贤明的君主很多，他们总想着向东部地区开疆拓土。然而在他们的东面，有另外一个庞大的国家始终阻挡着他们向东部拓土的步伐，这个国家就是晋国。多年以后，晋国发生内乱，其土地被韩、赵、魏三家瓜分，历史也开启了诸侯争斗的战国时代。这时除了秦国，依然活跃着的大诸侯国仅剩齐国、楚国、燕国、韩国、赵国、魏国六个国家，它们被称为"战国七雄"。

秦昭襄王（秦王嬴政的曾祖父）在位时期，魏国人范雎（jū）来到秦国，给秦昭襄王分析了当时的局势，建议秦昭襄王采取远交近攻的策略。范雎说："韩国和魏国处在天下中心的位置，大王如果想一统天下，就要先和他们搞好关系，这样就能威胁到楚国和赵国。楚国如果强大了，您就和赵国亲近；赵国如果强大了，您就和楚国亲近。假如楚国和赵国都和秦国亲近了，那么齐国就会感到害怕，他们一定会低声下气地拿出丰厚的礼物来侍奉秦国，在这之后，您就可以趁机攻打韩国与魏国，因为两国与秦国相邻。这样，能攻下一寸土地您就可以统治一寸土地，能攻下一尺土地，您就可以统治一尺土地。整个天下迟早会纳入我大秦的版图。"秦昭襄王听后两眼放光，显然范雎的这番话正巧说到了他的心坎上，他即刻着手推行该策略。"远交近攻"不仅巩固了秦国所攻取的土地，还破坏了东方六国的合纵战略，即六个诸侯国联合拒秦的联盟，加快了秦国统一的步伐。

秦军战斗力十分强，在列国之间制造了非常浓重的恐怖气氛。公元前249年，秦国发兵灭掉了名义上的天下共主周王朝，向六国表明了秦国问鼎天下的决心。赵、楚、魏、韩、燕五国为打破不利局面，在公元前241年推举楚国国君为纵约长，再一次合纵伐秦。五国盟军挺进函谷关，一直攻到蕞（zuì）城（今陕西省西安市临潼区东北）。五国的军队联合进攻秦国看似取得了很好的效果，但是这五个国家的联盟并不牢固。他们有着各自的小算盘。五国之中，韩、赵、魏三国因为和秦国相邻，所受到的威胁最大，因此对于合纵抱着积极的态度。燕国因为和秦国不接壤，因此受到的威胁相对较小，对于合纵抗秦并不十分热心。而且，五国彼此都有矛盾，比如，燕国为了谋求自身发展，经常发兵攻打齐国、赵国。所以，五国联军的联合并不稳固，这就给秦国分化瓦解五国联军提供了机会。秦国深知"擒贼先擒王"的道理，便集中兵力突袭楚国的大营，楚军望风而逃。其他四国看到"带头大哥"已经被击败，纷纷溃散。战国时代最后一次合纵，就这样草草收场。

2. 作战效果——长平之战与灭楚战争

战国末期，军力上唯一能与秦国抗衡的东方国家只剩赵国。公元前262年，秦、赵两国军队在长平对峙，赵国名将廉颇坚守阵地，与秦军僵持了三年，让秦军一点办法都没有。于是，秦相范雎给秦王出了一个主意，他派人到赵国去散布谣言说："廉颇将军虽然作战勇猛，但是实在太老了，害怕秦国，不敢出来作战，用不了多久，就会投降了。秦国最害怕的还是年富力强的赵括将军，只要赵括带兵，赵国早晚会灭了秦国。"赵括是谁呢？他是赵国名将赵奢的儿子，自幼饱读兵书，跟人经常讨论兵法，有时连他父亲都说不过他。但知子莫若父，赵奢说："赵括只会夸夸其谈，真到了战场上就不一定怎么样了，希望赵王一定别让他去指挥千军万马，不然肯定会国破家亡。"但是赵王听信了范雎散布的谣言，就撤换了廉颇，改让赵括带兵，并集合赵国40多万人的军队与秦军对战。秦王得知消息后，喜出望外，就派大将白起到长平与赵军对战，并且对外保守秘密，防止赵军因害怕白起的威名不敢应战。

起初，赵括率领赵军接连打了几次胜仗，但他并不知道，这其实只是白起设下的陷阱。赵括心想："秦军果然是畏惧我的威名，所谓虎狼之师也不过如此！"于是他命令赵军一路向前挺进。白起派遣一支部队，从赵军后方切断了他们的粮食补给线路，并且把赵军分割成两部分，将他们团团包围。赵括发现中计后，就率领部下多次突围，但一切都太晚了。赵军勉强支撑了40多天，士兵们饿得发慌，以致宰杀战马充饥，甚至到了人吃人的程度。赵括带领精兵最后一次突围失败，被秦军射杀在乱箭之中，40多万赵军全部投降。白起又用计将所有投降的赵军全部活埋，仅留下几百人回赵国报信，这就是历史上著名的长平之战。经此一战，赵国青壮一代被屠戮（lù）殆尽，国力军力从此一蹶不振，再也无法与秦军抗衡。

相对于长平之战中赵王调兵遣将的草率和昏庸，秦国在征伐战争的筹备中则显得慎重得多。第一次伐楚失败后，秦王嬴政亲自到老将王翦（jiǎn）的府上探问，向王翦承认自己的决策失误，但王翦默不作声。嬴政说："请老将军挂帅如何？"王翦道："臣老了，也没有了锐气，身体又有病，恐怕不能替大王分忧了。"秦王嬴政知道王翦心中有气，便放下一国之君的身段，恳请老将军出山相助。秦王嬴政说："请老将军看在先王的份上，再替寡人辛苦一趟吧！"王翦连忙说道："如果大王真的要用老臣，必须派60万人马，一个也不能少。"秦王嬴政高兴地说："定如将军所愿。"嬴政虽然表面上答应了王翦的要求，心里却犯起了嘀咕："60万，这可是全国的士兵啊！我要是把他们都交给一个人，倘若这个人借机造反，我该怎么办呢？"老将王翦对于嬴政的心思心知肚明。为了打消嬴政的顾虑，王翦在行军途中三次向秦王讨要田舍，以此表明自己不会借机造反，由此一来，君臣之间达成了默契。

王翦率军到达前线后，选择有利地形安营扎寨，采取屯兵坚守、步步为营、以逸待劳的战略，嬴政也动员后方的一切人力和物力支援前方。一年多后，缺乏粮草支援的楚军难以支持，转而向东撤军。这时王翦则乘胜追击，一举消灭了楚军主力，占领了楚国的国都，俘虏了楚王，最终灭掉了楚国。

3. 用人艺术——疲秦之计与《谏逐客书》

战国末期，东方六国为了抵抗秦国的鲸吞蚕食，可谓使出了浑身解数：有的与秦结盟，有的割地贿赂秦国，有的合纵抗秦，有的派人刺杀秦王……手段可谓无所不有。其中，韩国因为刚好处在秦国"东出"首当其冲的位置，更是处心积虑想要延缓秦国征伐的脚步。但韩国用的计策却别出心裁，非但没有削弱秦国，反倒使秦国国力大增，加快了兼并六国的进度。这是怎样一条愚蠢的计策呢？

原来，韩国为了阻止秦国向东攻伐自己，派出了当时著名的水利工程师郑国出使秦国。郑国见到秦王嬴政，便向他提出兴修水利的重要性："我替秦王担忧啊！秦王虽然占据关中的大片土地，然而这里很大一部分是盐碱地，根本没有粮食产出，如果在泾水和洛水之间开凿一条大渠，就能让关中的大片土地有水灌溉，届时秦国的土地就能产出更多的粮食。我以前主持过许多大型水利工程的修建工作，如果秦王需要，我愿意帮助秦国凿渠溉田。"秦王嬴政听了很高兴，非常欣赏郑国的才能，便很快采纳郑国的建议，征集秦国青壮劳力，让郑国开凿一条引泾入洛的水渠，变关中的盐碱地为可耕地。然而世上没有不透风的墙，令秦王意想不到的是，在施工过程中，郑国的真实身份暴露了——他之所以被派往秦国兴修水利，真实目的在于借给秦国兴修水利之机消耗秦国的国力，使其无力进攻韩国。秦王大怒道："好个郑国，好个韩王，竟然妄图用诡计欺瞒寡人！来人，把郑国押下去烹了！"郑国大呼："臣虽然是间谍，但大王想想，修渠虽然能为韩国延长几年寿命，然而一旦沟渠建成，那将使关中变为千里沃野，给秦国建立惠及几代的大功啊！"秦王听后认为很有道理，便命令郑国继续修建水渠。在接下来的几年里秦国也确实没有讨伐其他诸侯国。

修渠工作前后进行了约十年时间，到公元前236年正式竣工。水渠全长300余里①，灌溉面积号称4万顷（约120万平方米），把秦国关中的沼泽、盐碱之地变成了肥美良田。秦王亲眼见证水渠的功效后大喜过望，再没追究郑国的罪行，而秦人也将水渠称为郑国渠。郑国渠建成后，秦国粮食产量激增，境内再无饥荒

---

① 秦朝的1里等于300步，约为416米。秦朝统一的度量衡制沿用了2000多年。

之苦，为其兼并战争提供了坚实的物质基础。果不其然，就在郑国渠建成后六年（公元前230年），韩国率先被秦军灭掉。

秦国的逐步壮大，与来秦国"打工"的"外国人"是分不开的，这些出生在其他国家却在秦国任职的士人被称为秦国的客卿。随着客卿们占据朝廷的重要岗位，秦国的贵族大臣开始不满，再加上郑国"疲秦"事情的败露，一些老秦人就跑到秦王嬴政这里游说，"大王，这些客卿虽然得到您的信任占据高位，但他们终究是外国人，心里还是向着自己的母国，迟早会做出对我们秦国不利的事情。"秦王迫于宗室和贵族的压力，下令驱逐客卿，解除了他们在秦国的职位，把他们驱逐出境。楚国人李斯也在被驱逐的名单里，他看到许多昔日朝堂上的好友黯然离秦，心里不免哀伤，但他念一想，"这肯定是秦王为了堵住老秦人的嘴采用的缓兵之计，秦王素有雄才大略，怎么能这么不珍惜人才呢？"冷静片刻，李斯研墨秉笔，写下了举世闻名的《谏逐客书》。

在《谏逐客书》里，李斯认为，"泰山不拒绝泥土，才能成就其巍峨高大；江河湖海不拒绝细小的水流，才能成就其深邃广阔。如今秦王您驱逐宾客来帮助敌国，损害自己的百姓来帮助自己的仇人，不仅造成自己内部空虚，也会在诸侯中引起怨恨，这样还想让国家远离危难，那是不可能实现的"。秦王嬴政读到李斯的这篇劝谏文章，懊恼不已，便赶忙收回了驱逐客卿的命令，并让这些客卿官复原职。就这样，秦王留住了愿意为秦国效力的人才。东方六国有才能的士人看到了秦王的诚意，也纷纷来投奔秦国。人才的集聚，为秦国的统一提供了强大的人力和智力支持。

一切都准备好了！经历了商鞅变法之后六代秦王国力的积累，秦国已不惧东进道路上的一切阻碍，壮年的秦王嬴政意气勃发，挥鞭东指："出征吧，大秦将士，跟随寡人去开创伟大的功业吧！"

此后近十年时间，秦王嬴政完成了对东方六国的兼并之战，最终完成了统一中国的大业，建立了一个前所未有的大一统的封建帝国。

二、"祖龙魂死业犹在"是怎么一回事？

1973年，毛主席在读到郭沫若所写的《十批判书》时，有感而发，写下了

《七律·读〈封建论〉呈郭老》。诗中有"祖龙魂死业犹在"一句,"祖龙"就是指秦始皇嬴政,这句话的意思是:"秦始皇虽然已经死了,但是他建立的功业还在影响着后世。"那么,秦始皇嬴政创造的哪些功业对后世产生了深刻影响呢?

1. 此"皇帝"非彼"黄帝"

我们在电视剧中经常会看到这样一幕——文武百官向皇帝行跪拜礼,嘴上高呼"吾皇万岁万岁万万岁"。那么"皇帝"这个称号是怎么诞生的呢?它跟人文初祖"黄帝"是一个意思吗?据《史记》记载,统一六国之后,嬴政春风得意,他觉得"王"这一称号已经无法彰显自己的威严。于是,他让大臣们讨论,准备给自己起一个新的称号。

春秋战国时期,各国诸侯都被称为"君"或"王"。战国后期,有的诸侯王虽已称"帝",但是这一称号也并不很受青睐。现在,秦王嬴政已经完成一统天下的千秋伟业,自认为过去的这些称号都不足以显示自己的尊贵。他认为现在名号不改,就不能叫作成功,更不能传后世。大臣们经过一番激烈的讨论之后,丞相王绾(wǎn)、御史大夫冯劫、廷尉李斯等人认为,秦王嬴政指挥正义的军队,讨伐残余的乱贼,平定了天下,这样的功绩从上古以来就未曾有人达到过,甚至连传说中的五个帝王都达不到。他们援引传统的尊称,说"古代有天皇,有地皇,有泰皇,泰皇最尊贵",建议秦王嬴政采用"泰皇"称号。然而,嬴政听后对此并不满意。他说:"只采用一个'皇'字并不足以显示我的尊贵。你们知道过去有'三皇五帝'之说,那么我就在'皇'字之下加一'帝'字好啦。"于是,嬴政就别出心裁地想出了"皇帝"这个新称号并毫不犹豫地授予了自己,"朕以后就是始皇帝,后代要以'世'来计数,二世、三世,一直传到万世"。

虽然秦朝最后没能如嬴政所愿"传至万世",仅仅二世就灭亡了,但"皇帝"这个称号却被后世的统治者继承下来,成为两千多年来封建社会最高统治者的专属"代名词"。

2. 废分封、行郡县

我们都知道西周实行的是分封制,目的是"以藩屏周",即周天子通过分封诸侯国的方式来拱卫周王室。商鞅变法后,秦国确立了县制,由国君直接派官吏治理，使秦国成为战国中后期实力最强大的国家。但是，当秦变为一个大一统的庞大帝国之后，如何对广袤的土地进行有效治理呢？丞相王绾等人立刻向秦始皇建议说："各个诸侯国刚刚被我们击破，原来燕国、齐国、楚国的地方比较偏远，陛下您再英明有时候也会鞭长莫及啊。陛下您何不封立几个皇子为王，替您镇守边疆呢？"秦始皇思考了一下，并没有当即做出决定。他亲身经历过战国时期的大动乱，在他看来，分封制所带来的问题不容小觑，他心有疑虑，于是就把王绾等人的建议拿到朝堂上让大臣们商议。大臣们谁也不想因为这件事破坏秦始皇的父子关系，进而得罪各个皇子，甚至得罪秦始皇，都说这样做对朝廷最有利。廷尉李斯却有不同的看法，他说："周文王、周武王所分封的子弟和同姓的诸侯很多，但是到了后来，他们彼此疏远，相互攻击，就像仇敌一样，诸侯之间更是相互攻击不断，连周天子都没办法禁止。如今天下百姓仰赖陛下的英明，好不容易实现统一，天下安定，怎么能再次采用周朝的旧制度呢？"他建议在地方设立郡县来管理，由秦始皇直接派官员负责。至于皇子和功臣，就用国家的税收重重地赏赐他们，以达到收买人心的目的。秦始皇想了想，然后说："天下百姓贫困愁苦，不断争斗，不见有停下的时候，就是因为分封诸侯的存在。现在，朕依赖祖宗神灵平定天下，如果此时再去做分封诸侯的事情，就很容易引发战争。"

秦始皇最终采纳了李斯的建议，实行郡县制。秦始皇把天下分成了36个郡，以后又陆续增设至41郡，在郡下又设了县。郡、县的长官，均由皇帝亲自任命，而且不能够世袭，从而保证了皇帝对地方的绝对控制。

3. 书同文、车同轨

我们美丽的祖国幅员辽阔，山川纵横交错，如此复杂的地形造就了不同的地域文化，也产生了各种各样的方言。假如你是一个东北人，你可能听不懂粤语，却可以通过发短信、发微信的方式，与身在广东的朋友互致问候、谈天侃地。这得益于秦始皇嬴政统一六国后采取的一个政策——"书同文"。

在战国时，七国的文字书写各异，同样一个字，写法有很大的不同。秦国完成了统一之后，如果原六国的人还按照各自原来的文字进行书写，势必无法顺利地沟通，政令也无法有效地上传下达并得以贯彻，整个庞大帝国的治理效率都会受到很大影响。为了解决这个问题，公元前221年，秦始皇颁布"书同文"的诏令，命丞相李斯等人统一文字，确定将笔画规整的小篆作为通用文字颁行全国。大家知道，在四大文明古国中，只有中华文明源远流长发展至今也未曾中断，这与我们有统一的文字息息相关。总之，秦始皇统一文字的措施促进了各地文化的交流与发展，巩固了统一的多民族封建国家。

除了文字，秦始皇统一六国之前，各诸侯国的车辆宽度不一，车道也有宽有窄，各国的车辆往来很不方便。统一六国后，秦始皇规定车辆上两个轮子的距离一律相同，称为"车同轨"。因为全国的车轮距离相等，车辙也就得到了统一，道路的宽度也便统一起来。为了控制广阔的国土，便于政令的传送和商旅的往来，秦始皇还下令修筑了以咸阳为中心、通往全国各地的驰道，打造了中国历史上的第一个"国道"路网。

4. 统一货币和度量衡

春秋战国时期，各国除了文字不同，钱币的样式也各不相同，有铲形的布币、刀形的刀币、椭圆形的蚁鼻钱等。秦国完成统一之后，各地形状、重量不一的钱币给这个庞大帝国的商品交易带来了许多问题。秦始皇统一六国后首先将货币统一铸成了圆形方孔钱，也就是半两钱，民间称为铜钱。自此，铜钱就成为中国历代最通行的钱币样式，一直沿用至清末才被废除。

请不要小看这种半两钱，它是圆形的，中间有方孔，钱面上有"半两"二字。它不但使用方便，而且便于携带——穿上绳子就能随时带走，更重要的是它还有着深刻的思想内涵呢！大家都知道我们古人的宇宙观念是天圆地方，而外圆内方的半两钱，用"外圆"代表天命，用"内方"代表皇权，正好体现了古人天圆地方的宇宙观，有天命皇权的内涵。

钱的问题解决了，秦始皇还得解决另一个棘手的问题——度量衡不统一的问题。度量衡就是日常生活中用于计量长短、容积、轻重的标准的统称，用今天的话来理解，就是要解决"1尺到底有多长""1升到底有多大""1斤到底有多重"等问题。当时战乱初平，原诸侯国还是沿用自己的那一套度量衡。齐国的1斤稻谷跟魏国的1斤稻谷不一样重，赵国的1尺布跟楚国的1尺布不一样长，可以想象这有多么混乱。秦朝各地的官吏把征收上来的粮食运到都城后，咸阳的官员需要把各地公文里的数字全都换算成咸阳的标准，商人和老百姓交易物品也需要经过复杂的换算才能达成，真是麻烦极了。秦始皇见到这种混乱场面，很是恼火，当时还有人看热闹不嫌事大地发出"今不如古"的感叹来，更是让秦始皇大为光火。此时，李斯再次站出来向秦始皇进言："陛下啊，我认为所谓天下统一不是简单地在地图上圈画就叫统一，要统一就要全面统一。从量稻谷的器具大小，到老百姓脑子里的观念想法，都得统一。"秦始皇听了李斯的话，高兴地说："了解我的人，非你李斯莫属啊！"于是秦始皇立即发布了招书，任命李斯制定全国统一的度量衡。就这样，统一的货币和度量衡给国家的经济治理提供了更便捷的方式，促进了全国人员的往来和商品流通，为国家从形式到内核的统一奠定了经济基础。

5. 修筑万里长城

为了保护北方的国土，秦始皇征集了大批军队攻打北方的游牧民族——匈奴。秦始皇还下令建造万里长城，这可不是普通的城墙，它又高大又坚固，因地势建造，横跨整个秦帝国北部疆域的东西两端，这就是我们今天所说的秦长城。

长城被称为"世界七大奇迹"之一，是我国古代劳动人民智慧的结晶。在修建长城时，没有石灰、水泥等材料作为黏合剂，秦人到底是怎样把一块又一块的大砖垒成坚固的堡垒和城墙呢？后来我们发现了修建长城的材料的奥秘——"糯米砂浆"。这是一种强度很高的建筑材料黏合剂，是通过将糯米汤与标准的砂浆混合起来的方式制成的，这可能就是今天糯米胶的最早来源吧！秦朝的劳动人民能将这一巨大而复杂的工程兴建起来，充分彰显了中华民族无穷的智慧和伟大的创造精神。

三、强大的秦朝为什么会二世而亡？

1. 一口井挖出的奇迹

1974年的春天，干旱的天气让陕西省西安市临潼区西杨村的村民们很是苦恼，他们急需打几口灌溉井浇灌麦苗。在打井的时候，他们挖出一个陶俑头和碎陶瓦片。当时，谁也没有在意，甚至有人觉得挖到了这东西可不是什么好兆头，于是，他们又换了一个地方继续挖。但是这一次的挖掘比上一次更让他们感到震惊，因为这一次他们挖到了一个完整的真人大小的陶俑！感觉事关重大的村民立刻将此情况报告给了当地的文物部门，就这样一个震惊世界的考古发现——秦始皇陵兵马俑因一口水井的挖掘而阴差阳错地展现在世人面前。

被称为"世界第八大奇迹"的秦始皇陵兵马俑自 1974 年以来，先后发现了数座大型兵马俑坑，总面积达 20 000 余平方米，里面埋藏着真人、真马大小的陶俑、陶马近八千件，战车百余乘，各种青铜兵器数万件。秦兵马俑造型生动、规模宏大，其身材、姿势、表情各异，如同复活的秦军将士，日夜保卫着秦始皇的陵寝，这震惊了世界，被誉为"20 世纪世界 10 项最伟大的考古发现"之一。

据史料记载，秦始皇命令丞相李斯设计并建造此陵，为此征集了 70 多万名役夫，建造时间长达 38 年。秦始皇陵工程之浩大、用工人数之多、持续时间之久都是前所未有的。我们不难想象，70 多万百姓背井离乡，在军士的监督下，冒着严寒酷暑，日复一日、年复一年地开山运石、掘地凿穴，多少人终其一生再也没能与家人团聚……秦王朝徭役的沉重可见一斑。

2. 王侯将相宁有种乎

秦始皇死后，中车府令赵高和丞相李斯合谋伪造秦始皇遗诏，逼迫秦始皇长子扶苏自杀，另立秦始皇小儿子胡亥继位，为秦二世。秦二世宠信赵高。没多久，李斯也被赵高设计害死。赵高独揽大权，结党营私，秦王朝的劳役更加繁重，刑罚愈发严苛，老百姓苦不堪言。

公元前 209 年（秦二世元年），朝廷征发百姓去戍（shù）守渔阳，其中有 900 人行至大泽乡。陈胜、吴广被任命为屯长。陈胜年轻的时候，曾被雇用耕地，休息的时候，他在田埂上一边叹息一边说："如果哪天我们当中有人富贵了，可不要忘了大家啊！"同耕的伙伴们就笑他说："你一个受雇耕田的人，哪里来的富贵？"陈胜却回答："小小的燕雀怎么会知道大雁的志向？"此时，恰巧天降大雨，道路不通，队伍很可能不能准时到达渔阳。按照当时的秦律，失期应当被斩首。陈胜、吴广商量说："现在我们逃跑被抓回来也是死，发动起义也是死，同样是死，还不如揭竿而起。"陈胜又说："天下老百姓苦于秦朝的统治已经很久了，我听说秦二世是秦始皇幼子，本不应当成为皇帝，公子扶苏才应当成为皇帝。扶苏已经被秦二世逼迫自杀，老百姓知道他很贤明，却不知道他已经死了。项燕是楚国的将领，老百姓很爱戴他，但不知道他的下落。我们现在如果自称是扶苏、项燕的部队，首议抗秦，那肯定会有很多人响应。"吴广觉得陈胜说的话很有道理，于是两人就用鬼神的方法，在队伍里制造了"陈胜为王"的舆论。第二天，吴广设计杀死了秦朝的将尉。陈胜把大家召集到一起说："诸位因大雨延误了，按秦律要被斩首。即使免于被斩首，大战守边塞也得死掉十分之六七。壮士不死便罢了，死就死得有名声，王侯将相难道是天生的贵种吗？"大家听完，表示愿意听从陈胜的号令。于是，陈胜自立为将军，吴广任都尉，假称是扶苏和战国末年楚国名将项燕的军队，号称大楚，开始攻打陈县。在攻下陈县后，陈胜被拥立为王，定国号为张楚。

这时，全国各地郡县不堪秦朝苛政的百姓纷纷起义响应陈胜的号召，项羽、刘邦等也开始粉墨登场。盛极一时的大秦帝国，很快便陷入了农民起义的汪洋大海中，庞大的秦廷，在熊熊的起义战火中变得风雨飘摇。

第二节 楚河汉界，约法三章

中国象棋的棋盘上有"楚河汉界"四个字，这是怎么来的呢？公元前206年，以西楚霸王项羽和汉王刘邦为首的两大势力集团为争夺帝位展开了一场旷日持久的战争。最终，刘邦战胜了项羽，如愿以偿成了大汉的开国皇帝。秦汉之际发生了哪些值得我们关注的故事呢，让我们一探究竟吧！

一、项羽破釜沉舟为哪般？

1. 勇者的成长之路

早在战国时，楚怀王被骗到秦国遭囚禁，最终客死秦国。当时楚国有位叫南公的人悲愤地说："即使楚国仅剩下三个氏族的人，灭掉秦国的也一定是楚国！"这在当时看来可能只是南公的一句气话，但没想到多年之后，这句气话竟然应验了。

秦朝末年，天下大乱，诸侯混战。一位成长于没落贵族家庭的勇士凭借着过人的胆识和机智的谋略，征战四方，所向披靡，他就是西楚霸王——项羽。项羽是楚国名将之后，自幼跟随叔父项梁生活。项梁曾无数次对年少的项羽说："我们与秦有家恨国仇，你一定要洗刷这份耻辱。"项梁对项羽寄予了厚望，对他的教育不敢松懈。可是项羽对叔父教他写字、练枪没有丝毫兴趣，没过多久就不学了。项梁生气地说："你文也不学，武也不练，到底想学什么？"项羽答道："我长大之后又不是要写文章、字嘛，认识几个就够了。至于那刀枪，不过是抵挡几个人罢了，也没什么用。"项梁试探地问："那你觉着学什么有用处？"此时项羽的眼睛里放着光芒，他坚毅地答道："我要学能抵挡千军万马的本事。"项梁听完，心中的怒火渐渐平息，在这个侄子身上，他看到了未来，看到了希望。于是，项梁便教起项羽兵法来，可是项羽学习了几天又没有兴趣了，一丝绝望涌向了项梁的心头。可是后来发生的一件事情，让项梁对这个侄子刮目相看。公元前

210年的一天，秦始皇的豪华出巡队伍经过吴县①，许多百姓站在道路两旁，屏住气息，不敢发出一点声响。此时，人群中的项羽突然自信地说道："我今后一定能取代他！"项梁听到后，赶紧捂住了项羽的嘴，小声说："嘘！不要胡言乱语，被人听到，可是要被株连九族的。"项梁虽然嘴上这样说，但是内心早已乐开了花，他认为这个年轻气盛的侄子日后定能有一番大作为。

项羽大展拳脚的时刻终于来临了。公元前209年，中国历史上第一次农民起义——陈胜、吴广起义爆发。当消息传到吴地时，郡守府邸乱作一团。项梁认为这个机会千载难逢，便让项羽趁乱杀掉了当地的郡守和近百名守卫，自己拿到郡守官印后，当上了新的郡守。此后他在各县传播反秦的消息，终于聚集了8000多名精兵，之后渡过长江，朝西边进军。

没过多久，起义形势因陈胜被杀陷入了低谷。这时，有一位年近70的老者来到了项梁和项羽的军营，他就是后来项羽的重要谋士——范增。范增一见到项梁和项羽，便分析道："陈胜之所以失败，是自立为王的缘故呀！如果他当时能尊楚王后代为王，势必能充分利用楚国的反秦力量，实力大增。"项梁和项羽听后纷纷点头，示意范增说

人物小史

范增，政治家，是西楚霸王项羽的主要谋士。他早年投奔项梁，跟随项羽参加巨鹿之战，攻破关中，屡献奇谋，被项羽尊为亚父。鸿门宴时，范增多次示意项羽杀刘邦，但未成功。公元前204年，范增因被项羽猜忌，辞官归家，途中病死。

下去。范增继续说道："项将军自渡江以来，楚国的军士纷纷投靠，是因为项氏世世代代为楚将，他们都将复国的希望寄托在您身上啊！"项梁接受了范增的建议，找到了楚国国君的后人，立为楚怀王，建立了楚国政权。后来，项梁的部队连破秦军，他也日渐骄傲起来。公元前208年，项梁不敌秦将章邯，兵败被杀。项梁死后，项羽的时代正式来临。

---

① 地处江苏省东南部，苏州、无锡之间，从秦朝至1995年一直为行政区划名，撤销县时的辖境在今江苏省苏州市。

2. 强者的胜利之法

秦将章邯击败项梁后,认为楚兵不堪一击,于是渡过黄河,将赵王歇及其部下围困在了巨鹿(今河北省邢台市平乡县西南)。无奈之下,赵王只得派使者向楚怀王求援。项羽为报秦军杀叔父之仇,主动请缨,率领5万人的军队前去解巨鹿之困。当时,项羽并不是这次行动的最高指挥官。这次行动的主将叫宋义,他见秦军实力强大,便不敢与秦军交锋,故意拖延。项羽见宋义迟迟不出兵,便建议道:"秦军将赵围困于巨鹿城中,我们要迅速出兵,和赵国的军队内外夹击秦军,必然能大获全胜。"

但宋义非但不听劝告,还轻蔑地说:"我上战场打仗是比不过你,但是坐在营帐里出谋划策,你就比不上我了,你还是退下吧。"项羽气愤地说道:"现在我们没有什么粮食了,士兵们又冷又饿,你这样不顾他们的死活,还有个将军的样子吗?"说完,项羽头也不回地离开了宋义的营帐。第二天,项羽趁宋义不备,杀了宋义。他走到将士们中间,大呼道:"宋义违背国君的命令,迟迟不战,我已奉大王之命斩杀他。"项羽说完,将士们纷纷拥护项羽,就这样项羽取得了军队的指挥权。

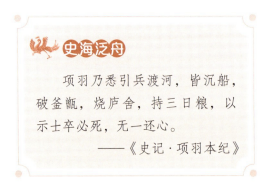

项羽乃悉引兵渡河,皆沉船,破釜甑,烧庐舍,持三日粮,以示士卒必死,无一还心。
——《史记·项羽本纪》

项羽马不停蹄地率领军队北上。在军队渡过漳河后,他让士兵们饱餐了一顿,还让他们每人带上三天干粮。正当士兵们准备美美地睡上一觉时,项羽下了一道让大家意想不到的命令:"全体官兵注意,你们立刻把船全部凿穿沉入河里,把锅全部砸碎,把军帐全部放火烧毁。"官兵们面面相觑,心里直犯嘀咕:"这不是一点退路也不给自己留吗?"但是官兵们都不敢违背军令。项羽这种置之死地而后生的决心和勇气,极大地鼓舞了将士们的士气。没有退路的楚军像猛虎一般在战场上奋勇杀敌,九战九捷。章邯见抵挡不住楚军的攻击,便率领军队投降了。

巨鹿之战摧毁了秦军的主力,扭转了整个战局。经此一战,秦朝已名存实亡，秦朝潼关、函谷关以西的土地，也很快被项羽控制。

与此同时，刘邦的军队也趁秦军主力与项羽纠缠之际，到达了秦都咸阳。公元前207年，秦朝的统治者在起义军的包围下被迫出城投降，盛极一时的秦朝仅仅存在了十五年就被农民起义所淹没。

在灭秦过程中，项羽战功卓著；刘邦率先进驻咸阳，秦军向刘邦投降。正所谓"一山不容二虎"，那么谁会是未来王朝的皇帝呢？

二、鸿门宴是怎么回事？

1. 约法三章，俘获民心

大家知道历史上的鸿门宴是怎么回事吗？让我们一起来了解一下它背后的历史故事吧！

刘邦率军进入咸阳。在目睹了秦朝统治者穷奢极欲的生活状态后，出身贫寒的刘邦大开眼界。富丽堂皇的宫殿、数不尽的奇珍异宝和成千上万的宫女，让刘邦特别心动，恨不能立刻享受这豪华的生活。在这关键时刻，谋臣张良劝说道："秦王奢侈无度，鱼肉百姓，您才能推翻他。既然您已经为天下铲除了毒瘤，就应该引以为戒，厉行节俭，爱护百姓。如果您此时只顾享乐于其中，那与秦王又有什么不同呢？"张良这番恳切的话，点醒了刘邦。刘邦虚心地接受了张良的建议，下令将秦王宫封闭、将库房保护起来，随即退军，驻扎在灞上。为了进一步争取民心，刘邦把父老乡亲召集起来，当众宣布："秦朝的严刑峻法把大家害苦了，现在我就将秦律废除。同时我向各位承诺，无论是谁，杀人者要处死，伤人者和盗窃者要被判罪。"深受秦朝暴政之苦的百姓立即拍手称快，对刘邦表示支持与拥护。百姓纷纷送来酒食犒劳士兵，刘邦再三推辞道："军中的粮食充足，我不想给百姓增添负担，大家不要再破费了！"百姓听到刘邦这么说，高兴地说："您要是能留在我们这，我们可就有好日子过了。"刘邦凭借这一系列的举动赢得了咸阳百姓的支持，增强了自己的实力。

2. 杀机四伏的宴席

项羽在巨鹿大破秦军后，听说刘邦已率先进入咸阳，很生气，便迅速攻破了函谷关，直抵鸿门（今陕西省西安市临潼区）。谋士范增对项羽说："刘邦原本是个无赖，既贪财，又好色，可他进入咸阳之后，并不贪图财物和美女，足见他的野心不小。如果我们不想办法除掉他，将来一定后患无穷。"项羽听后，决定次日率军围攻刘邦，与他决一死战。然而这一计策被刘邦得知。原来项羽的叔叔项伯早年曾受过张良的恩惠，担心项羽对刘邦动手会连累张良，于是连夜前去刘邦军中会见张良，建议他赶快逃亡。张良决定让刘邦与项伯当面谈一谈。刘邦自知难敌项羽，便先与项伯结为儿女亲家，然后说道："我率军入关后，什么都不敢侵犯，我所做的一切都是为了等待项王前来。我之所以派兵驻守函谷关，全都是为了稳定秩序，希望您在项王面前多多美言，在下绝无二心啊！"项伯笑呵呵地说："沛公不要着急，我会把您的话带给我家主公。明天一早您前往楚营道歉就是了，这不是什么大事儿。"项伯回去后，将刘邦的话转告项羽。项羽听后非常开心，问项伯："刘邦真的这么说？"项伯立即回复道："千真万确，绝无半点谎言。属下以为刘邦攻打咸阳有大功，此时进攻他是不义之举，不如我们趁他前来好好款待他。"项羽欣然答应了。

第二天，刘邦早早地来到项羽的营帐。一进营帐，刘邦就双膝跪下，无比诚恳地说："此前我和将军一起攻打秦军，没想到我误打误撞先打进关中，今天有机会和您见面，真是幸运啊。听说前不久有人挑拨我和您的关系，将军英明，肯定不会听信那些小人造谣诬陷的话。"项羽立刻搀扶起刘邦，让他在自己桌子旁

沐猴而冠

项羽进驻咸阳后，谋士韩生对他说：咸阳地势险要，物产丰富，可以在这里定都。项羽却认为一个人富贵了还不回故乡，就像穿着漂亮衣服在黑夜中行走一样，故坚持要回自己的家乡。

韩生在私底下说："人家都说楚国人徒有其表，就像猴子戴着帽子冒充人一样。以前我还不信，原来果真如此呀！"这话传到了项羽的耳朵里，项羽就杀掉了韩生。

边坐下，说："这都是你的手下曹无伤说的。行了，此事到此为止，我们喝酒，喝酒。"刘邦立即随声附和。项羽的军师范增对项羽的举动颇为不满。在宴席之间，他多次向项羽使眼色，还把身上的玉佩举起来，暗示项羽干掉刘邦。可是，项羽每次都默不作声。万般无奈之下，范增把项羽堂弟项庄喊过来，让他到酒桌上敬酒，以舞剑助兴为名，趁机杀了刘邦。项庄拔剑起舞，眼看就要伤到刘邦。项伯一看形势不对，便要求与项庄共同舞剑助兴。在此过程中，项伯不时用身体掩护刘邦，使得项庄迟迟找不到机会下手。张良见状，立即找了个机会溜到营帐外找到刘邦的大将樊（fán）哙（kuài），商议解救刘邦的办法。樊哙一听大怒，二话不说，拿着宝剑、盾牌就冲进了营帐。项羽皱着眉头问："什么人？"张良立马解释说这是沛公的车夫樊哙。项羽很欣赏樊哙，便常赐他一条猪腿和一斗酒。樊哙很快把酒肉吃尽。项羽问樊哙："壮士，还能再喝酒吗？"樊哙回答："我死都不怕，还怕喝酒吗？当初秦王残暴，天下百姓才起来反抗，楚怀王跟大家有约，谁先攻入关中谁就做王。如今沛公先打进咸阳，小心谨慎地等待您的到来，您不奖赏也就罢了，反而听信小人的话，想要杀害他，这和秦王有什么分别呢？"项羽听了樊哙这一番话并没有回应，只是让樊哙坐下。过了一会儿，刘邦借口上厕所，带着樊哙一同出了营帐，从小路逃回自己的驻地。

项羽就这样错失了消灭一生政敌的绝佳机会，为自己日后定鼎天下埋下了巨大的隐患。

三、"霸王别姬"是真的吗？

1. 败在反间计上的智囊范增

鸿门宴后，项羽的大军浩浩荡荡进入咸阳，他没有像刘邦那样善待咸阳的父老乡亲，而是放任士兵烧杀抢掠，咸阳百姓一时间陷入了水深火热中。后来，项羽自立为西楚霸王，分封了十八个王。其中，刘邦被赶到巴蜀当了汉王。刘邦对此非常不满，一场大战一触即发。不过，项羽想不到，他与刘邦的这场战争会持续四年之久，当然他更想不到他竟然输了这场战争，而且输得彻彻底底。

公元前 204 年，楚汉之争进入相持阶段。楚汉两军对峙于荥（xíng）阳（今河南省郑州西部），此时项羽出兵攻占了汉军的粮仓，汉军粮食短缺。刘邦心急如焚，于是派出使者，与项羽议和。汉使一把鼻涕一把泪地说道："大王您神勇无比，汉王远远不及您，楚汉双方都僵持了这么久，百姓和士兵都厌恶战争。双方何不停战，划定荥阳以西归汉王，荥阳以东归您？"项羽听完后心动了，他心想：战争已经持续了这么久，士兵和百姓都想过平静的生活，要不就先休战一段时间，日后再考虑。谋臣范增看出了项羽的犹豫，大声劝谏道："汉王现在要和我们停战只是无奈之举，他占有大片的领土，拥有大量的士兵，怎么可能真心臣服？大王您千万别上了小人的当，趁这个机会尽快攻下荥阳才是啊！"项羽没有听范增的建议，反驳道："亚父（指范增）说得不对。天下人都想要和平，汉王如果真的想和我议和，我为什么不同意呢？就暂且议和吧，以后再做打算。"这可把范增气坏了，他用尽全身的力气对项羽大吼道："大王这是养虎为患，以后必然会后悔！"无论范增怎样劝说，项羽仍然决定暂停攻击。汉使大喜，说道："既然大王同意休战，那么尽快派使者到汉营来，我们做进一步商讨。"

楚使一进入汉营，就受到了热情的款待。刘邦命人准备了丰富的大餐犒劳楚使。随后，刘邦穿着华丽的衣服会见了楚使，并装作关心地问道："亚父最近身体怎么样啊？我准备了一些小礼物，希望您能替我带给亚父。"楚使疑惑地答道："我不是亚父派来的使者，而是项王派过来的使者呀！"刘邦听完，瞬间把脸拉了下来，装作很生气的样子离开了座席。不一会儿，仆役们就走过来把美酒佳肴全部收拾走了，边收拾边嘟囔："原来这不是亚父派来的使者，而是项王的使者，那可不配享用这么高规格的接待。"之后，他们又端上来一些给下人吃的饭菜摆在了楚使的面前。

楚使忍着愤怒回到了楚营，把事情一五一十地告诉了项羽。项羽表面上没说什么，但他和范增之间的嫌隙越来越深，项羽也渐渐地剥夺了范增的权力。后来范增愤而离开楚营回乡，病死在了路上。

刘邦曾说："项羽明明有一个范增，却不信任他，这就是我能战胜他的原因。"项羽失去了最重要的谋士，在与刘邦后来的战斗中，逐渐走下坡路，胜利最终属于刘邦，而项羽也走向了自己人生的终点。

2. 霸王末路，乌江自刎

公元前 203 年，楚、汉两军已对峙两年半之久。楚军粮食物资日益紧缺，项羽十分烦躁不安。最终，双方约定以鸿沟（今河南省荥阳市以东）为界，东面是楚，西面是汉，停止了战争。正当项羽准备荣归故里时，刘邦却背弃约定，对撤退的楚军发动突然攻击，最终把项羽包围在了一个叫垓下（今安徽省灵璧境内）的地方。

此时的楚军粮食越来越少，战斗力急剧下降，但实力仍不容小觑。如果强行进攻楚军，汉军肯定会付出惨重的代价。怎样才能在避免自家军队大量伤亡的情况下打败项羽呢？几过一番思考之后，汉军决定唱楚地的歌谣，以此来瓦解楚军的士气。当一支军队的士气下降，它的战斗力也会跟着下降。汉军唱歌的声音越来越大，楚军士兵听到这歌声非常伤感。已经休息了的项羽在军帐中突然听到从汉营的四面八方传来阵阵的楚地歌声，不由得大吃一惊，疑惑地问道："怎么会这样！难道汉军已经全部占领了楚国？不然的话，汉军军营怎么会有这么多楚人呢？"说完，他穿上了衣服喝起酒来，旁边有个名为虞的美人服侍着。项羽看到她，突然悲从中来，大声唱道："我的力量大到可以拔起高山，我的气概可以压倒现世所有人，但是时运不济，如今落得这步田地，美人呀美人，我该怎么安置你呀？"唱完，项羽便流下了眼泪。但他转念一想："我为什么要在这里坐以待毙，我要杀出去！"于是，项羽连夜率领 800 名精锐骑兵突围南逃。刘邦得知项羽突围，便派遣 5000 名骑兵追击。

项羽渡过淮水后，就剩下 100 多名骑兵相随了。项羽继续前行了一段后，迷失了方向，碰巧遇到了一个正在种田的农人，便询问方向。但这个农人欺骗了项羽，使项羽和他的骑兵陷入沼泽地，被汉军追上。等项羽突围后，手下仅剩 20

哇！原来是这样

在很多中国文学作品中，项羽和虞姬（虞美人）的凄美爱情故事被演绎得淋漓尽致。虞姬为了不拖累项羽，在项羽突围之际，与项羽诀别后拔剑自刎。但在司马迁的《史记》中，并没有记载虞姬的结局，所以"霸王别姬"是否真实发生，还需要多加考证。

多名骑兵了。项羽来到了乌江。乌江亭长想让项羽登船，看到项羽略显迟疑，于是劝说道："江东虽然小，但土地方圆千里，人口有几十万，足够您称王了。现在我有船，希望您赶紧上船，要是汉军追来，就没有办法了。"项羽却悲伤地说："今天老天要灭我，我渡江有什么用？我当年率领 8000 名子弟兵渡江抗秦，现如今没有一个人能活着回来，我哪有脸去面对江东父老？"他将自己的宝马送给乌江亭长，命令所有骑兵下马，与汉军短兵相接。项羽单枪匹马杀掉数百人，自己也身受重伤，随行的楚军也一个个倒下了。这时项羽看到一个旧相识——汉骑司马吕马童，他听说刘邦正用重金悬赏自己的头颅，决定送吕马童一个人情，便拔剑自刎了。

经历了四年多的楚汉战争，刘邦终于战胜了项羽。公元前 202 年，刘邦建立汉朝，最初定都洛阳，后定都长安，史称西汉，刘邦就是汉高祖。

第三节 汉承秦制，天下一统

一统天下 如日中天的大秦帝国，好比一座根基不稳的大厦，在一场看似偶然、实则必然的大规模的农民暴动中，分崩离析，轰然倒塌。崛起于秦末农民战争烽火中的平民刘邦，建立了自己的刘家王朝——西汉。如何避免秦朝二世而亡的宿命，让自己的天下能够长治久安，是摆在西汉初期统治者面前的一个难题。

一、汉初"人相食，死者过半"的状况是如何改变的？

1. 马上得天下，不能马上治天下

汉初，经历了多年战乱，社会经济十分凋敝：皇帝出行时找不齐四匹颜色一样的马，将相只能坐牛车上朝；百姓为了生活，不惜出卖自己的孩子；社会上甚至出现人相食、死者过半、人口锐减等现象。如何让老百姓过上和平安宁的生活呢？这是刘邦迫切要解决的问题。

刘邦崛起于秦末乱世，凭借智谋与武力夺得天下。初登帝位的他，对武力在巩固统治、守护天下的过程中所发挥的巨大的作用深信不疑。

汉初，诸子百家的思想仍然十分流行。不同学派的有识之士跃跃欲试，纷纷向新统治者提出一些治国主张与策略。大臣陆贾就是其中一个敢于给皇帝提意见的人。在刘邦面前，他常常援引儒家典籍《诗经》《尚书》，阐述自己的政治主张和思想观点。但是刘邦十分讨厌儒学，看不起儒生。终于有一天，刘邦忍无可忍大骂陆贾道："天下是我靠南征北战打下来的，要这些儒家的道理有什么用？"大胆的陆贾竟然反驳皇帝说："皇上，您虽然是靠武力得到的天下，但是您能用武力治理天下吗？"这句话一下子点醒了刘邦，他示意陆贾继续说下去。陆贾接着说道："商汤、周武王建立的国家之所以能长久，是文治武功并用的结果；反观秦朝一味暴政，终于导致民怨沸腾，短命而亡啊！如果秦朝也能用仁义治理天下，还有陛下什么事？"听到这，刘邦对自己当初鄙视儒生的想法感到十分惭

愧。他嘱咐说："请你为我写一本书，详细叙述秦失去天下而我得到天下的原因，当然书中还要有以往成败兴亡的事例。"陆贾欣然领命，共写了12篇文章，刘邦每次看这些文章都对陆贾赞不绝口。在陆贾的影响下，刘邦逐渐认识到：仅仅依靠武力，难以巩固自己的统治，甚至是很危险的；要想守住江山，必须施行仁义，清静无为。就是在这条道路的指引下，汉朝初年天下逐渐走向安定。

2."不作为"的贤相——曹参

汉高祖刘邦去世后，大汉的第二任皇帝汉惠帝刘盈在丞相萧何的辅佐下延续"无为而治"的政策，使汉初经济得以继续恢复与发展。但在汉惠帝即位的第二年，丞相萧何生了重病，汉惠帝感到非常痛心，他决定亲自去萧何家探视。汉惠帝在了解萧何的身体状况后，问道："你认为谁可以接替丞相一职呀？"萧何听完，用虚弱的声音回答："谁能比陛下更了解自己的臣子呢？"汉惠帝试探性地问："你觉得曹参怎么样？"萧何回想起自己曾经和曹参并肩作战的岁月，认为他将来一定能好好辅佐皇帝，便说："陛下英明，有曹参接替我，老臣也就可以放心了。"就这样，曹参成了大汉朝的丞相。就当年轻气盛的汉惠帝以为这个帮手要大展拳脚的时候，事实却让他失望了。原来新丞相曹参没有任何改变现行制度的想法，所有事务全部遵循萧何之前的规定，而他本人则在相府里天天快活。这可气坏了汉惠帝，他在心里犯嘀咕："是不是丞相觉得我太年轻了，不想尽力辅佐我？"有一天，汉惠帝找到了同样在朝为官的曹参的儿子，对他说："你回家之后找个恰当的机会问问你父亲，他天天这样吃喝玩乐，不过问国家大事，怎么能辅佐我治理好这个国家？"曹参的儿子回到家后，向曹参传达了汉惠帝的想法。没想到，曹参不仅没有感觉到羞愧，反而很生气地对自己的儿子说："你一个毛头小子懂什么？这些事是你该管的吗？"说完，他还狠狠地揍了儿子一顿。

第二天上朝时，汉惠帝得知曹参竟然出手打了自己的儿子，实在忍无可忍，下朝后就把曹参叫住了。汉惠帝生气地说道："你为什么要打人？是我让你儿子规劝你的。你到底有什么想法，就直说吧！"曹参一听，立马扑通一声跪在了地上，问道："陛下，您觉得您和先皇相比，谁更贤德呢？"汉惠帝毫不迟疑地说："我怎么能跟先皇相提并论呢？"曹参继续追问："那您觉得我跟萧相国比，谁更有才能呢？"汉惠帝委婉地说："您跟萧相国比，应该差那么一点点。"曹参听完后说："陛下英明！既然您都这样想，那么先皇和萧相国定下的规矩，我们何必要改变呢？还不如继续遵照执行，清静无为。"汉惠帝听后，欣慰地说道："您说得很有道理，是我唐突了。"此后，曹参在担任丞相的几年时间里，极力主张与民休息政策，不随意改动过去的制度，百姓因而安居乐业，曹参也成为一代贤相。

二、为什么说汉文帝近乎完美？

1. 缇萦（yíng）救父的结果

汉文帝时，继续贯彻"无为而治"的政策，但汉律中仍然存在一种通过残害罪犯身体来达到惩戒效果的刑罚——肉刑，这引起了百姓的极大不安，于是汉文帝开始思考对刑罚进行改革。你们知道是谁使汉文帝废除残酷的肉刑吗？原来竟是一位叫淳于缇萦的15岁小女孩。

缇萦是临淄（今山东省淄博市）人，她的父亲淳于意是一名医术精湛的医生，慕名而来找他看病的人络绎不绝。但淳于意又非常有个性，从来不给不择手段的人和欺凌百姓的人看病，久而久之便得罪了不少有权有势的人。有一天，淳于意被人告了黑状，官府对淳于意判处肉刑，并将他押送到长安去行刑。临行时，淳于意的五个女儿哭哭啼啼地跟随着父亲。淳于意看了看自己的这些孩子，大骂道："只生了女儿没有生男孩，到了紧急的时候，没有一点用处，就知道哭！"小女儿缇萦听了很伤心，她心想："女儿就真的没用吗？为什么我不能去救父亲？"于是，她一路上跟着父亲到了长安。来到长安后，缇萦通过自己的努力上书汉文帝，她情真意切地写道："我父亲造福百姓，深受百姓爱戴。现在父亲犯了法，理应受罚。但是，那些受刑而死的人不可复活，遭受断肢刑罚的人再也站不起来。就算犯人想悔过自新，也无路可走了，因为断裂的肢体再也无法连接起来了。我甘愿做官府的奴婢，为父亲换取悔过自新的机会。"汉文帝被她的孝行和勇敢深深地打动了。于是汉文帝免除了对淳于意的刑罚，并下诏废除了肉刑。

2. 中国历史上最节俭的皇帝

汉文帝不仅减省刑罚，而且以身作则实行清静无为的基本国策。作为汉朝的皇帝，他穿着贫民才穿的草鞋在大殿办公，他的龙袍一穿就是很多年，破了就让皇后给他补一补再继续穿。

有一天，汉文帝想在自己的寝殿建造一个露台，于是命人找到了工匠，试探性地问道："修建一个露台需要多少钱呀？"工匠答道："不需要太多，一百金就够了。"汉文帝大吃一惊，忙问道："这相当于多少户人家的财产呀？"工匠粗略地计算了一下说："大约相当于十户中等人家的财产。"听完，汉文帝摇了摇头说："不建造露台了，现在国家财政紧张，能省就省吧！"就这样，汉文帝在他二十三年的皇帝生涯中没有修建过新的宫殿和园林，没有添置过更多的狗马和车驾，但凡不利于百姓的事情他都不做。

公元前157年，汉文帝的人生走到了尽头，他在临终前留下了这样的遗言："不要因为我的死就干扰百姓的正常生活，一定要从简办理丧事，陵寝一律不准用豪华的金银器具做装饰。"汉文帝用自己的一生践行了善待百姓和崇尚节俭的治国理念，为"文景之治"局面的出现奠定了坚实的基础。

三、泱泱大汉"郡国并行"为哪般

1. 大封同姓，拱卫汉室

在楚汉之争中，刘邦为壮大自己的实力，曾分封手下大将韩信等人为王，因为这些人都不姓刘，所以被称为"异姓王"。这些异姓王手握重兵，占据广大地盘，势力太强，始终是刘氏江山的不稳定因素。于是，刘邦在称帝后的第二年就着手铲除异姓诸侯王。消灭异姓王之后，为巩固刘氏江山，加强中央对地方的控制，刘邦又将自己的子侄分封到一些地方做诸侯王，称为"同姓王"。那时候，刘邦还立下了一个规矩——同姓诸侯王国的重要官吏必须由中央政府委任，使王国受到了一定的节制。这样，西汉地方上继承了秦朝的郡县制，又实行分封制，这被称为"郡国并行制"。在刘邦晚年的时候，吕后日渐专权，刘邦对此忧心忡忡，担心天下被吕家夺走，于是与刘姓诸王杀白马结盟，约定"非皇族成员不得封王，没有军功者不得封侯"，这就是"白马之盟"。

刘邦忘记了历史上分封诸侯的惨痛教训，天真地认为：诸侯王都是刘家宗室，诸侯王之间、诸侯王与天子之间，血浓于水，加上有中央节制，天下该稳固了，自己也可以安心了。然而，殊不知，分封诸王给西汉带来了很大的安全隐患。

2. 削还是不削，这真是个难题

汉景帝在位时，皇帝与诸侯王的血缘关系日渐疏远，中央与诸侯国的矛盾越来越突出。汉景帝很宠信大臣晁（chǎo）错，时常与他讨论天下局势。在与汉景帝的交流中，晁错看出了皇帝早已有削藩的打算。于是，他上书皇帝道："现在削藩，诸侯王要造反，不削藩，诸侯王也要造反。如果现在削藩，诸侯王准备不充分，造成的祸患小。不削藩，诸侯王晚些造反，准备得充分，造成的祸患大。"汉景帝看了晁错的上书，便采纳了他的建议，下令削夺诸侯王的封地。晁错的父亲曾经试图劝解他："这可是强行削藩啊，你怎么能将大汉置于这么大的风险中？"晁错反驳道："不削藩会有更大的祸患。"晁错的父亲看到儿子这么执拗，最后在无奈之下服毒自尽。

汉景帝宣布削藩十多天后，吴王刘濞（bì）联合其他六位诸侯王，以"清君侧、诛晁错"的名义发动叛乱，这就是历史上的"七国之乱"。汉景帝得知消息后急忙召见晁错，询问道："如今我们该作何打算呀？"晁错坚定地说："陛下，您应该立刻御驾亲征以鼓舞军心，我负责守住长安，叛军绝对不是我们的对手。"听完晁错的话，汉景帝仍然不放心，他又召见了曾在吴国担任相国的袁盎。袁盎对汉景帝说："七国叛乱只是为了诛杀晁错，只要我们杀了晁错，就能停止战争。"汉景帝沉默许久后，决定通过杀死晁错换来叛军退兵。然而晁错被杀后，叛军并未撤退。汉景帝终于看清了叛军的野心，下定决心平叛，仅三个月就消灭了叛军。叛乱平定后不久，汉景帝将王国任用官吏的权力收归朝廷，中央权力得到一定程度的加强，然而王国问题还是没有完全解决。

3. 名为推恩，实则削权

汉武帝即位后，想彻底解决王国问题。这时，一个叫主父偃（yǎn）的人进入了他的视野。主父偃为什么能得到汉武帝的垂青呢？那是因为主父偃在上书中提出的"推恩令"很讨汉武帝的欢心。汉武帝觉得主父偃很有想法、见识和魄力，决定重用他。

公元前127年，汉武帝下诏实行"推恩令"。这个诏令规定：除诸侯王的嫡长子继承王位并获得封地外，其他几个儿子也可以封侯并获得王国中的一部分土地，但新建的侯国不接受王国管辖，而由所属的郡管辖。这样，王国就被分解为众多的侯国，王国面积缩小，朝廷直辖的土地面积扩大。"推恩令"发布后，各诸侯国纷纷请求分邑子弟，建立侯国。从此，王国真正管辖的地方不过数县，诸侯国再也不可能与中央分庭抗礼了。

> **趣闻联播**
>
> 按照汉朝的规定，当皇帝要祭祀宗庙时，诸侯王或列侯须进献黄金。公元前112年，汉武帝借口列侯所献黄金成色不好或分量不足，下令废列侯106人，占当时列侯的一半，史称"酎金夺封案"。汉武帝通过这件事，进一步打击了王侯的势力，加强了中央集权。

四、凿空西域的第一人

经过汉文帝、汉景帝的休养生息和苦心经营，到汉武帝刘彻即位时，西汉国库里的钱数都数不清，穿钱的绳子都朽坏了，粮仓里的粮食都流了出来，好多粟米都腐烂到没法吃了。汉武帝很幸运，他接手了一个经济繁盛、人民安居乐业的大汉王朝，这个刚满16岁的青年帝王意气风发、踌躇满志，他要借助雄厚的国力开拓一个崭新的世界。

匈奴是我国北方的一个强大的游牧民族，经常侵扰汉朝国土，掳掠汉朝百姓和财货。汉初统治者考虑到国家财力、物力不足，对匈奴只能采取和亲、馈赠和消极防御的政策。年幼的刘彻目睹汉室的女子被迫嫁给千里之外的匈奴人，心里也常常感叹："可怜我汉家女子，嫁去那蛮夷之地；更可叹我汉家男儿，竟连女子都保护不了！"汉武帝即位后，匈奴对西汉的威胁仍然很大。那时，西汉国力变得强盛，汉武帝已经有了打击匈奴、解决匈奴问题的实力和底气。为此，他制订了周密详尽的战略，发誓一定要把匈奴彻底消灭。有一次，从匈奴俘虏的口中，汉武帝得知，河西走廊有一个叫大月氏的国家，曾居祁连山，后因受匈奴欺压、驱赶而西迁至西域。汉武帝心想："如果能与大月氏这些饱受匈奴压迫的西域国家联合起来，夹击匈奴，那么灭掉匈奴就事半功倍了。"为此，他决定派使团出使西域，联络大月氏，以共同夹击匈奴。

趣闻联播

白登之围

公元前200年冬，匈奴的首领围攻晋阳（今山西省太原市西南）。刘邦帝亲带领30多万人的部队出击，企图歼灭匈奴的主力。结果，反被匈奴军队围困在白登山（今山西省大同市东北），七日不得食，只好暗中请人贿赂匈奴首领的宠妾，才得以解围。从此，汉朝对匈奴不再主动出击，而是以"和亲"等方式安抚匈奴。

经过选拔，一个叫张骞（qiān）的郎官进入了汉武帝的视野。张骞，今陕西城固人，是一个志在为国分忧的青年。公元前138年，26岁的张骞应募出使西域。对于西域以及沿途的险恶，张骞一无所知。但这并没有阻止他完成汉武帝交给他的任务。半路上，他的队伍遭遇匈奴骑兵袭击，被匈奴全部俘虏。匈奴人为了打消他出使西域的念头，瓦解他的意志，阻止汉朝联系西域共同对付匈奴，让他娶了一名匈奴女子为妻，并生了孩子，实际上是软禁他。"虽然身陷匈奴腹地无法南归，但我的心永远向着大汉王朝！"被困十年，张骞始终没有忘记自己的使命。公元前129年，机会终于来了，匈奴放松了对他的监视，张骞果断地与随从一起逃了出来。这十年中，他学会了匈奴的语言，了解了匈奴的习性，加上他穿着匈奴的服装，这些都使他顺利通过匈奴人的关卡。逃出虎口的张骞一行人穿越戈壁滚滚黄沙，翻越葱岭皑皑冰雪，风餐露宿、备尝艰辛，终于辗转到达大月氏。可此时西域形势已发生深刻变化，张骞最终没能说服月氏人共同攻打匈奴，只好折返回汉，途中又被匈奴扣留一年有余，后得逃脱。这场出使历时13年之久，出发时有100余人，回来时仅剩张骞和向导堂邑父。

公元前119年，西汉对匈奴的反击战争取得重大成果，汉朝控制了河西走

廊，匈奴主力向西移动。汉武帝有意彻底击败匈奴，向张骞请教。张骞向汉武帝建议，联络匈奴以西的乌孙（今伊犁河和伊塞克湖一带）。那时候，乌孙占据了天山以北、巴尔喀什湖以东以南地区，非常强大。汉武帝采纳了他的建议。同年，张骞率领一支300多人的使团，踏上了第二次出使西域的征途。按照汉武帝的意图，张骞这次出使还有一个目的——建立与西域的友好关系。这一次，张骞一行顺利到达了乌孙，但是不巧，乌孙发生了王位争夺的内战，张骞联络乌孙抗击匈奴的目的未能实现。张骞向乌孙国王传达了汉武帝与乌孙交好的意愿，也介绍了汉朝的强大。此外，张骞还派遣多名副使访问康居、大月氏、安息、身毒等地。后来，这些副使和各地使节一道回到长安，西域诸国见识了汉朝疆域的广大和国力的强大，便决心与汉朝友好往来。汉朝还在西域设置了西域都护府，作为管辖西域地方的军事和行政机构，协调西域诸政权之间的矛盾纠纷，保障西域交通和商贸往来的畅通。

张骞因在打通汉朝与西域之间的联系方面取得了开创性的成就，故被司马迁称赞为"凿空"西域的第一人，而他的壮举也为"丝绸之路"的开通奠定了基础。

[1]《线装经典》编委会. 线装经典：中国上下五千年[M]. 昆明：云南教育出版社，1970.

[2] 司马迁. 史记（传世经典·文白对照）[M]. 陈曦，王珏，王晓东，等译注. 北京：中华书局，2019.

[3] 司马迁. 语文新课标必读经典. 史记故事[M]. 刘一新，廖玖玫，徐研，等改写. 合肥：黄山书社，2009.

[4] 陈桐生. 中国史官文化与史记[M]. 汕头：汕头大学出版社，2005.

[5] 司马迁. 史记（无障碍阅读学生版）[M]. 程帆，主编. 长沙：湖南教育出版社，2011.

[6] 卢苇. 中外关系史[M]. 兰州：兰州大学出版社，1996.

[7] 何颖. 二十世纪后半期《战国策》研究综述[D]. 长春：东北师范大学，2010.

[8] 王守谦. 略谈《战国策》[J]. 松辽学刊（社会科学版），1991（4）：1-9.

[9] 黄西刚. 白起与扶苏之死 [J]. 中学历史教学参考, 2000（7）: 46.

[10] 李开元. 解构《史记·秦始皇本纪》: 兼论3+N的历史学知识构成[J]. 史学集刊, 2012（4）: 48-58.

[11] 牛鹏涛.《史记·白起王翦列传》李信"攻鄢郢"考[J]. 江汉考古, 2017（2）: 81-85.

[12] 曹应旺."不可沽名学霸王": 毛泽东点评项羽、刘邦[J]. 党史博览, 2016（12）: 23-25.

第二章
三国鼎立与魏晋风流

第三章 三国鼎立与魏晋风流

第一节 三国鼎立与走向统一

"天下大势,分久必合,合久必分",魏、蜀、吴三国的鼎立,使分裂的中国走向局部的统一。充满了勇气和智谋较量的赤壁之战究竟发生在哪里?"司马昭之心,路人皆知"又是怎么一回事?"何不食肉糜"说的是哪位皇帝?统一后的西晋又是怎样走向灭亡的?下面就让我们走进那个政权并立、战火纷飞的时代。

一、赤壁之战仅仅是一场以少胜多的战役吗?

东汉末年,曹操兼并袁绍势力之后,壮心不已,于208年挥师南下,与孙权、刘备联军在湖北赤壁一带展开了大战,史称赤壁之战,结果,曹操被打败。此后,孙权占据江东,刘备占据四川大部分地区,曹操占据北方,基本形成了三国鼎立的格局。其实,这场波澜壮阔的赤壁之战,不单纯是一场以弱胜强的战役,同时也是一场新旧观念较量的战役。

曹操、刘备以及孙权阵营中的张昭经历了从汉桓帝到汉献帝四任皇帝的统治。他们思想保守,骨子里对皇权还是认同的,如刘备自称刘皇叔,因此,他们只是想扩充实力,满足于州牧割据罢了。

往事钩沉

州牧割据

东汉末年,黄巾起义爆发,农民军在全国各地同时向东汉王朝发动猛烈攻击。为平息战乱,朝廷不得不借助地方力量,令各地州牧掌握兵权,镇压农民起义。在镇压农民起义的过程中,各个割据势力彼此混战,造成天下大乱的局面。在州牧割据的情况下,东汉王朝已名存实亡。当时的主要割据势力有曹操、袁绍、袁术、刘表、孙策等。

孙权、周瑜、诸葛亮、鲁肃等人青春年少、意气风发。他们目睹东汉王朝政治腐败、社会动荡、生灵涂炭，百姓流离失所，黄巾起义席卷全国，他们很想在乱世中积极进取，干出一番事业。

在曹操看来，自己"挟天子以令诸侯"，代表了汉王室的意志，孙权则不过是偏安一隅的地方势力，不费吹灰之力就可拿下，80万大军压境，孙权还能怎样？面对来势凶猛的曹操，孙权手下的大臣张昭着急了：曹操打着汉王室的旗号，师出有名，如果正面硬碰曹军，势必要吃大亏，不如趁早投降，保命要紧。让曹操没想到的是，这群年轻人没那么好征服。刘备的谋臣诸葛亮，从小就目睹曹军攻城略地的残暴，早就识破了曹操"挟天子以令诸侯"的把戏。当年在隆中的时候，诸葛亮就向刘备分析了"三分天下"的局势：曹操盘踞北方，实力强大，"挟天子以令诸侯"，不能与其硬碰硬；江东的孙权割据多年，地盘稳固，可以寻求援助；刘备可趁机争取川蜀一带，站稳脚跟，日后伺机发展。现在正是刘备实现理想抱负的绝好机会。

年轻的孙权不甘心偏安江南一隅，也想做皇帝，欲向曹操发起挑战，但面对张昭等人的劝降，一时举棋不定，犹豫不决。江东主战派鲁肃对孙权说："主公，您投降了曹操确实很安逸，吃好、喝好、有官做，但您的雄心壮志就实现不了，做皇帝的美梦也就彻底破碎了。您还年轻，要在曹操的阴影下生活一辈子吗？"这番话正说到孙权的心坎上，年轻的孙权当然不甘心被曹操压制——谁也不能破坏他当皇帝的梦想。于是孙权派鲁肃联络刘备，表达了与刘备联合抗曹的想法。此时处境艰难的刘备也正有此意，便迅速派诸葛亮赶往江东，和孙权、周瑜详谈合作事宜。

曹操率军南下想消灭的是孙权，压根儿没把刘备放在眼里。这场战争原本是曹操与孙权之间的军事较量，顺带铲除刘备残余力量，现在孙刘联手，战争的形势变得扑朔迷离。

孙权最终下定决心迎战曹操，主要有以下几个原因：首先，孙权年轻气盛、有当皇帝的远大理想；其次，鲁肃和诸葛亮不断进谏游说；最后，还有一位东吴名将——青年才俊周瑜的运筹帷幄。在如何对抗曹操的问题上，周瑜分析了曹操必败的原因：曹操虽然拥有80万大军，但是很多士兵来自北方，不习水战，军心不稳，容易倒戈；大多数北方士兵经长途跋涉后，难以适应南方高温多雨气候，不利于作战；等等。

综合以上因素，东吴获胜的概率极高，更何况还有刘备的辅助力量。最终，孙权命周瑜统帅军队，联合刘备，抗击曹操。

曹操形象被歪曲的原因

京剧艺术中的曹操形象与历史上真实的曹操完全不一样：在京剧脸谱里，曹操被塑造成白脸奸臣。那么他被丑化的原因是什么呢？

西晋南朝时期，封建正统思想进一步得到确认。在《三国志》中，曹操是以正面形象出现的，那是因为《三国志》的作者陈寿是晋臣，晋朝承曹魏而有天下，陈寿认为曹操是智者、一代枭雄。到了罗贯中笔下曹操被彻底黑化，《三国演义》指出刘备是"中山靖王之后"，具有皇族的合法性，名正言顺，于是刘备就成为汉室的继承人，而曹操就变成乱臣贼子的形象了。

赤壁之战的结果，也证实了周瑜的分析是正确的。周瑜率军先占领赤壁南岸，把险峻的山冈当作屏障，地势险要，易守难攻。赤壁北岸的地形以洼地和沼泽为主，不利于行军，要想登上南岸，难度堪比登天。另外周瑜散播舆论，写信给投降曹操的荆州水军，挑拨他们与曹操的关系。本就军心不稳的荆州水军此时也不愿意替曹操卖命了。曹军和孙刘联军僵持了一个多月，曹军士兵大多来自北方，不习惯南方的湿热天气，发生了很严重的传染病，死伤大半，只能撤退。在曹军撤退的时候，黄盖诈降放火，将曹军的战船烧了个精光，最后曹操只能败走华容道，狼狈地逃回北方。

同一场战争彰显着不同的新旧观念：孙权、诸葛亮、周瑜等年轻人展现的是积极进取、建功立业的英雄豪情；而曹操、刘备等人看到的却是朝堂内斗的延续。孙权、周瑜、诸葛亮敢于创新、挑战权威，顺应历史潮流，赢得了战争，拉开了三分天下的序幕，为历史续写了新的诗篇！

二、司马昭之心真的是路人皆知吗？

239年，魏明帝曹叡（ruì）临终时命司马懿、曹爽二人共同辅佐年幼的齐王曹芳。但司马懿最终除掉曹爽，独自掌握曹魏军政大权。两年后，司马懿病逝，大儿子司马师继承父亲职位。司马师更加专横跋扈，曹魏政权进入了"逆司马者亡，顺司马者昌"的时期。长大成人的曹芳很讨厌司马师的骄横，想剥夺司马氏兄弟的大权，但还没等动手就被废掉，司马氏兄弟又改立曹髦（máo）为皇帝。

不久司马师去世，司马懿的第二个儿子司马昭接替哥哥做了曹魏的上将军。司马昭老谋深算、巧言令色、计谋过人。特别是平定诸葛诞叛乱后，司马昭认为魏国只有依靠司马家族才能稳定，因此，他骄横跋扈，对朝廷的大小事情自作主张，从不禀报皇上。

随着年龄的增长，曹髦对专横跋扈的司马昭也越来越不满，并担忧自己有一天会像曹芳一样被废掉。他思想斗争了好几天，最终做出一个冒险的决定。

有一天，曹髦秘密召王沈、王经和王业三位大臣入宫，拿出事先写好的讨伐司马昭的诏书，说："诸位爱卿，司马昭掌握大权，不把朕放在眼里，司马昭之心，路人皆知。我不能坐着等他来收拾我，今天，我想和诸位一起讨伐逆贼！"听了皇上的话，三人半晌才缓过神来，心想：这样做无异于以卵击石呀！王经"扑通"一声跪下，边叩头边劝阻道："陛下，这万万使不得啊！现在司马昭专权并非一两天的事，他的爪牙遍布朝廷，肯听命于陛下的，也只有我们几人，您贸然去讨伐，如果不成功的话，江山不保，望陛下从长计议，待时机成熟再行动！"

曹髦咬牙切齿地说："我已下定决心，做好了鱼死网破的准备。"说完，他独自闯入后宫，禀报太后去了。王沈和王业知道曹髦这一去必死无疑，到时他们的小命也难保，便立即跑到司马昭府中禀报此事。

不久，曹髦手持利剑，带了100多名童仆冲出宫门，刚出宫门就碰上司马昭的心腹贾充带了一队人马赶来。手持利剑的曹髦大喝一声："我乃陛下，诸等冲入宫中，莫非想谋反杀君不成？"一声大喝，贾充的手下被吓得不敢动弹，几个胆小的想溜。贾充见如此情景，对大将成济大声喝道："主公平日里养你们是干吗的？不正是为了今天这样的时刻吗？还不赶快动手！"成济哆哆嗦嗦地问："您看是杀还是绑？"贾充瞪大眼睛，大声说："传司马公令，只要死的！"成济拿着长矛，壮起胆子，冲到曹髦的跟前。曹髦高声骂道："死奴才，竟敢对我无礼！"谁知话还未说完，成济一下子就刺穿了曹髦胸膛，曹髦从车上摔了下来，倒地而死。曹髦死时还不满20岁。

司马昭真没想到曹髦会被自己的手下杀死。为了向大臣们交代，他计上心头，在朝中大臣面前挤出几滴眼泪，装着伤心的样子说："这到底如何是好？"在心腹的建议下，他决定让成济顶罪，最后成济被斩首示众。

曹髦死后，司马昭就从曹氏家族中找了一个15岁的少年做皇帝，这就是历史上的魏元帝。其实，司马昭篡位之心，未必路人皆知。他在辅政期间，采取了一系列措施：修改律法、整顿吏治、发展农业、提倡节俭、注重老百姓的生活，使魏国的政治和经济逐步得到发展。此时三国鼎立已经有很长一段时间，结束分裂割据，统一天下是历史的必然。魏国用了三个月的时间，就消灭了蜀国。后来代魏的西晋消灭了吴国。如果没有前期的努力和准备，司马炎（司马昭之子）也不能很快完成全国的统一。我们后人只看到了司马昭的野心和弑君，却忽略了他对魏国的贡献。

三、西晋是怎么灭亡的？

1. "何不食肉糜"的司马衷

西晋建立之初，晋武帝司马炎认为，曹魏之所以灭亡，是因为宗室力量太弱，一旦皇室有难，没有人能够援助。当时的天下，只有宗室可以信任，就算天下叛乱，这天下也是司马氏的。因此，他分封同姓王，还陆续派遣诸王据守州郡重镇，不断扩大宗室诸王的权力。分封的诸王手握重兵，掌管民事，势力逐渐强大。

在开国之初，司马炎加强中央监察职权，整顿吏治，提拔有作为的官员，推举选拔有才能的寒门子弟做官，很快便消灭了东吴。立国之初，他还算勤政为国。

司马炎在去世前决定把皇位传给智力有缺陷的嫡子司马衷。司马衷又是怎样一个皇帝呢？

司马衷是历史上公认的白痴皇帝，最经典的就是"何不食肉糜"的典故。晋惠帝司马衷从小就不爱读书，整天只懂吃喝玩乐。有一年国家闹饥荒，百姓流离失所，没有饭吃，只能吃草根和观音土，许多百姓被活活饿死。消息传到晋惠帝耳中，他百思不得其解。最后，他想出了一个"解决办法"，对手下大臣说："百姓没有粮食吃，为什么不喝肉粥呢？"这就是"何不食肉糜"的由来。

还有一次，一群人陪着司马衷在御花园里玩。突然，花园中池塘边的草丛里响起了一阵"呱呱"的叫声。司马衷左顾右盼，问道："这些蛤蟆是在为官家叫，还是在为私人叫呢？"大家面面相觑，不知道这话是什么意思。其中一个机灵的随从回答："皇上，在官家地里叫的就是为官家，在私人地里叫的就是为私人呢。"司马衷觉得随从的回答很有道理，于是，也就似懂非懂地点点头认可了。

2. 八王之乱

司马衷即位后不能理政，皇后贾南风趁机专权，她先杀了一直阻挠她参与政事的杨骏，随后又杀了汝南王司马亮和楚王司马玮。太子司马遹（yù）不是贾后生的，贾后担心他长大以后威胁自己的地位，又设计除掉了太子。最后赵王司马伦进入洛阳，杀了贾南风，才终结了后宫专权的局面。

司马伦自立为帝，尊晋惠帝为太上皇。他即位后，大封同党。当时，官员戴的官帽上都要用貂的尾巴做装饰。由于官员太多了，以至于貂尾不够用，只好用狗尾巴来装饰。因此，民间流传"貂不足，狗尾续"的段子，"狗尾续貂"的成语就是这样来的。司马伦做了皇帝，各地的诸侯王不服从他的管理，进入洛阳争夺帝位，相互间又展开了混战。成都王司马颖、齐王司马冏、河间王司马颙联合杀了司马伦，然后余者又展开厮杀。这场司马杀司马，又联合司马杀司马的乱局，整整持续了十六年，史称"八王之乱"。但是这场叛乱没有使西晋灭亡，最终灭亡西晋的却是匈奴人刘渊建立的汉赵政权。

3. 西晋灭亡

刘渊出生于今山西省忻州北部地区，自幼聪慧，文武双全。他学习儒家经典，师从著名的经学家崔游，并熟读诸子百家之书，对《孙子兵法》倒背如流。刘渊的家族也颇有背景。他的祖先其实并非汉朝人，而是匈奴首领冒顿单于的后代。西汉建立之初，国力贫弱，难以与匈奴抗衡。汉高祖曾将一位宗室女子当作和亲公主嫁给了冒顿单于。于是冒顿单于的后代子孙都以刘氏为姓。刘渊就是冒顿单于的后裔。

西晋建立之初，刘渊作为人质被送到洛阳。当时洛阳城内的多位名士在目睹了刘渊的容貌并与他交谈之后，都认为此人非比寻常，可以委以重任。但是刘渊由于出身外族，受到了晋武帝的怀疑，晋武帝甚至想杀掉他，在王浑的劝说担保之下，刘渊最终逃过了一劫。

后来，西晋王朝经过"八王之乱"，内耗严重，割据力量群起。刘渊趁机拥兵自立，追认蜀汉后主刘禅为尊，自称为汉，建立了汉赵政权。316年，汉赵政权攻入长安，俘虏了晋愍（mǐn）帝，西晋灭亡。

如果说有谁一手造成了西晋的灭亡，那么晋武帝难辞其咎。晋武帝统一天下之后，因为没有战争，逐渐沉迷享乐。上行下效，整个西晋的社会风气奢靡败坏。而且，晋武帝明知道太子司马衷生性愚庸不适合当皇帝，也没有做出改变，反而通过分封制，将保卫西晋的任务交给了其他子弟。这些诸侯王个个兵精粮足，各怀异心，等到晋武帝去世，杨、贾之乱后，为了争夺中央政权，他们互相征战，导致了西晋的国防、经济、社会严重崩溃，最终西晋政权迅速走向灭亡。

第二节 王马共治，开发江南

"朱雀桥边野草花，乌衣巷口夕阳斜。旧时王谢堂前燕，飞入寻常百姓家。"唐代诗人刘禹锡通过对夕阳野草、燕子易主的描述，表现了对沧桑巨变的感慨，也隐含着对豪门大族的嘲讽和警告。诗中的王、谢是指谁？乌衣巷内又有哪些故事呢？让我们带着这些疑问走进东晋王朝。

一、"王与马，共天下"中的"王"和"马"分别指谁？

316 年，西晋灭亡。次年，皇族司马睿（ruì）在南北士族地主的拥戴下恢复了晋王朝，定都建康（今江苏省南京市），史称东晋。司马睿能够继续统治晋王朝，实乃机缘巧合的结果。

司马睿原是司马炎的侄子，而司马炎有 26 个儿子，按说皇位继承怎么也轮不到他。为什么他能当上皇帝呢？这要从他的祖父说起。司马睿祖父琅琊王司马伷（zhòu）是司马懿的庶子。西晋开国后，司马伷被封为东莞郡王，后改封琅琊王。司马睿父亲司马觐（jìn）为司马伷长子，袭爵琅琊王，平生虽然碌碌无为，但地位还算显赫。司马觐去世后，年幼的司马睿继承了琅琊王爵。

西晋灭亡后，晋朝的一些大臣在各地积极活动，想恢复晋王朝的统治。317 年，司马睿在流亡大臣与江南士族的拥护下来到南方，在建康称帝，恢复晋王朝，他就是东晋的开国皇帝——晋元帝。

说到司马睿能够顺利称帝，还得感谢王导和其堂兄王敦的扶持。当年司马睿镇守建康时，王导是他的府中参军。王导为人机警灵活、足智多谋，赢得了司马睿的信任，两人成为莫逆之交，他们之间的友谊改写了晋王朝的历史。

王导、王敦兄弟俩拥戴司马睿来到江南，江南名门大族对这位晋王室的远亲大都看不起：一来因为东吴被西晋所灭时间不长，只有 20 多年，东吴大族还心怀怨恨；二来司马睿在皇室中地位卑微，中原地区刚刚经历八王大乱，谁知道他会不会匆匆而过呢。为了改变现状，熟谙人际交往规则的王导决定寻找一个合适的机会为司马睿造势立威。

每年三月初三，黎民百姓和文武官员都要到江边去求福消灾。当天司马睿坐上华丽的轿子来到江边，随从们高举着"琅琊王"的大旗，仪仗队鸣着锣在队伍前面开道，王导、王敦侍立两旁，一个个北方来的大官、名士也骑着高头大马跟在后面，排成一支浩浩荡荡的队伍，在建康城里最繁华的街道上游行。游行的队伍引来众人围观，热闹非凡，江南大族大地主纷纷出来观看。游行过后，司马睿在江南的地位大大提高。接着王导又劝司马睿拉拢江南大族地主顾荣、贺循等人来壮大自己的力量。在司马睿和王导的悉心经营下，动乱的北方人民纷纷南迁，他们带来了劳动力、先进的生产技术和厚重的儒家文化。司马睿也趁机招揽有才能的人，扩大统治范围，使江南地区得到进一步开发。南方地区沉睡的山川林泽，焕发出勃勃生机。

317年，看到时机已经成熟，司马睿在建康举行登基大典，王导和众多文武官员都进宫来觐见。王导跪在那里给司马睿行大礼，司马睿赶忙走下来扶起王导，要他和自己一起接受百官朝拜。在中国封建社会，皇帝享有至高无上的权威，哪有臣下与皇上同座的道理？王导急忙推辞道："这怎么行呢？只有太阳高高在上，万物才能得到它的照耀。如果太阳和一般的生物在一起，那还得了？"听了王导的一番吹捧，司马睿十分高兴，也就不再勉强。司马睿的这些举动反映了当时他的复杂心态，也可以看出他对自己能否坐稳皇位是没有底气的。

为了表达对王氏兄弟的感激之情，晋元帝司马睿封王导为尚书，命其掌管朝内的大权，又让王敦总管军事，王家的其他子弟也都封了大官。因此，当时的民间有"王与马，共天下"的说法，意思是东晋的皇权，由王导兄弟和皇族司马氏共同分享。

随着时间的推移，王敦因大权在握，野心日益膨胀，根本不把司马睿放在眼里。他认为没有王氏兄弟的帮助，司马睿根本做不了皇帝。对王敦的骄横跋扈，司马睿看在眼里、记在心里，决定想办法架空王氏兄弟，另外启用大臣刁协和刘隗，刚刚建立的东晋王朝内部就出现了裂痕。

二、人人都说江南好，江南真的好吗？

最初，江南农业生产技术比北方落后。西汉时期的江南地区地广人稀，耕作技术落后，常常采用火耕水耨①（nòu）的办法。

三国时期，江南经济开始得到开发。孙权非常重视农业生产，他以身作则，把为自己驾车的八头牛改为耕牛，勉励将士参加农垦。大量北方人口南迁，带来了先进的生产经验；江南雨量充沛、气候温和，适宜耕种；统治者倡导轻徭薄赋，禁止恶吏扰民。这些促使劳动力与土地迅速结合，推动了江南地区的初步开发。

南朝晚期，粪肥已经得到推广。宋文帝刘义隆的功臣到彦之以挑粪为业，后来成为大官，说明在当时农民担粪肥田已经比较常见了。江南地区水利灌溉事业也有了更广泛的推广。有了水和肥料，农业产量自然会提高。南朝时期，太湖流域、鄱阳湖流域、洞庭湖流域成为著名的产粮区。江南地大物博，百姓努力耕作一年，收获的粮食就能让很多郡县的百姓不愁吃喝。

据说，南朝梁武帝时有28万多户，人口超过100万，商业尤其繁荣。404年，建康发生了一次风灾，毁坏船只达上万条，可见城市繁荣和长江水运事业的发达程度。当时造船的技术水平相当高，可以制造载重2万斛（hú）②的大船，这比孙吴时的海船大了一倍。番禺（今广东省广州市）则是中国和海外诸国通商贸易的重要港口。贪官都把在番禺任职看成肥缺，凡在这里做官的都会成为巨富。

南方社会经济的发展和繁荣是各民族人民长期共同开发的结果。一向落后的江南经济逐渐追上黄河流域的水平。

---

① 火耕是指在整地播种阶段，先把田间的杂草烧掉，然后翻土播种。烧草可以灭虫，草灰可以肥田，均有利于稻禾生长。水耨是指在中耕除草阶段，待禾苗长到一定高度，将那些与禾苗共生的水草拔除，压入泥中，灌满田水，将草沤烂，沤烂的草又可以肥田。
② 民间对"石"的俗称，唐朝之前，1斛等于120斤。

哇！原来是这样

客家人，又称客家民系，属中国广东、福建、江西等地的汉族民系，是世界上分布范围广、影响深远的民系之一。客家人的源流始于秦朝征伐岭南时期，历经魏、晋、南北朝、唐、宋，由于北方战乱等原因，中原民众逐步迁往江南，再往闽、粤、赣迁徙，最迟在南宋已形成相对稳定的客家族群——客家人。随后客家人又往南方各省乃至东南亚以及世界各地迁徙，最终成为遍布全球且人文特异的重要民系族群。

客家人有强烈的自我认同意识，自成一方区域社会，自操一种方言（客家话）。客家人长期过着以家族为核心的集体生活，其宗族观念很强，有强烈的祖先崇拜思想和浓厚的乡土情结。

第三节　绚丽多彩的魏晋文化

翻开历史，大家会发现，魏晋南北朝时期有一个神奇的现象：国家虽然处于分裂动荡之中，但是人们的思想极为活跃，能人辈出，科技创新层出不穷，文化成就斐然。这一时期有哪些个性鲜明、成就突出的杰出人物？他们在各自的领域做出了哪些贡献？从这些杰出人物身上，我们能获得哪些有益的启示？

一、"知四时，晓五谷，通农艺"指的是什么？

1. 小小农家娃，立志写大书

古代中国是以农业立国的。早在一千多年前的南北朝时期，有一位伟大的农学家——贾思勰（xié），他写的《齐民要术》对农业生产具有极高的指导价值。

贾思勰生于一个世代务农，但书香浓郁的家庭。他从小耳濡目染，对农业生产产生了浓厚的兴趣。长大后，在担任高阳太守期间，他非常重视农业生产，常常到田间地头实地考察。他认为，农业是天下之根本，农业科技水平的高低决定了一个国家的经济发展水平。

那时候，很多农民只是根据经验种地，并不注重农业技术的总结和创新。贾思勰下定决心，要写一部农书，指导农民生产。经过多年的不懈努力，他完成了《齐民要术》这部农学专著。为什么命名为"齐民要术"呢？原来，"齐民"是平民的意思，"要术"是指生产过程中的重要技术。从书名我们可以看出贾思勰的良苦用心，他想让民众过上安定、富足的生活。

在公元5～6世纪，想要写成一部农书，可不是一件容易的事情。那么，贾思勰是如何做到的呢？

2. 名著是怎样炼成的

书是作文的放大版。所以，要想写出一本好书，也需要像写作文一样，广泛地积累素材。贾思勰翻阅了许多前人所作的与农业有关的典籍，例如春秋晚期范蠡（lí）的《养鱼经》、西汉司马迁的《史记》、西汉氾（fàn）胜之的《氾胜之书》。在写作《齐民要术》时，他引述前人文献，汲取其中的精华，又不拘泥于前人的做法，常常会加入自己的独到见解或创新。这里特别指出，《氾胜之书》和《养鱼经》现已失传，其中的许多重要片段由于贾思勰的摘引而得以保存。无意之中，贾思勰又为保存古代典籍做出了贡献。

写作源于生活。贾思勰还搜集了当时的农业技术革新成果。北朝时，我国北方的农业生产技术有了许多发展。他凭借自己敏锐的洞察力，搜集、归纳和整理有关资料，及时补充到自己的著作中，为《齐民要术》增添了不少具有时代气息的新鲜内容。例如在《种谷·第三》中，贾思勰记录了 97 个粟的品种，其中 86 个品种是他搜集、补充进去的。

书中，无论是农作物种植、牲畜饲养，还是农产品加工酿造，贾思勰都记载得十分详尽。能做到这些，跟他注重调查和实地体验密切相关。在担任太守的时候，他到过今山东、河北、山西、河南等地。每到一地，他都非常认真地考察和研究当地的农业生产技术，访问当地的农民，获取第一手资料。此外，贾思勰还在家亲自养羊、制作醋，从自身实践中总结经验。

从上面的事例可以看出，《齐民要术》的撰写之所以成功，离不开贾思勰从小受到的家学熏陶和希望通过撰写农学达到济世救民的理想，当然也离不开他勤于阅读前人典籍、搜集资料、亲身实践和勇于创新的良好品质。

二、天上为什么有颗祖冲之小行星？

1. 不太好用的历法

429 年，祖冲之出生于建康。他的父亲祖朔之喜欢研究天文历法。受父亲的启发和影响，祖冲之从小也喜欢科学。

青年时代，祖冲之阅读了许多古书，对天文、历法方面的记录资料进行了考查、验证，掌握了丰富的天文、历法和数学知识。他曾经在文人学士荟萃的华林学省任职，担任过南徐州从事、公府参军，其间把大部分时间和精力用于研究科学。

当时中国有两种历法——阴历和阳历。阴历是根据月亮的圆缺规律制定的，将一年分为12个月，两次月圆之间的天数为29天或30天，计为一个月，一年共354天。阳历是根据地球围绕太阳运转的规律制定的，一年有365天，分12个月，每个月为30天或31天。为了更好地安排农业生产和生活，古代科学家把阴历和阳历合并使用，但是，一年中阴历比阳历少11天，很不好操作。到了春秋时期，我们的祖先找到了一种方法，即闰法。每隔两三年就在阴历里加一个闰月，有闰月的那一年，就叫闰年。他们还规定，每19个阴历年，闰7次，19年即为一章岁，这种闰法就叫章岁法。这种历法实行了一千多年。到了东晋时期，有人发现章岁法有不合理之处，季节的变化与日子有较大的出入，这影响了农事的安排，许多人开始对章岁法进行修改，修改的次数竟有46次之多。后来，南朝宋科学家何承天继承了舅父徐广40多年的天文观测资料，自己又精心观测天文40年，经过深入的思考，终于在443年创造了新历法《元嘉历》，订正了冬至时刻和冬至日所在位置，实测出了二十四节气晷[①]（guǐ）影的长度，使数据更加

史海泛舟

历法、节气与农业

历法是天文学的分支，是人们为了满足日常生活和农业生产的需要人为制定的时间序列。年、月、日都直接与天体运行周期相关。很早以来，人们就把四季更迭的周期（回归年）定为年，把月亮盈亏变化的周期（朔望月）定为月。一回归年为365.2422日，一朔望月为29.5306日，由于它们既不是月的整数倍，也不是日的整数倍，所以使用起来很不方便。

我国传统农历属阴阳合历。它吸收了干支历和二十四节气，取月相的变化周期（即朔望月）为月的长度，参考太阳回归年为年的长度，通过设置闰月使平均历年（历法中平均每年）与回归年相适应。所以，农历涵盖了月球运行规律和太阳位置变化规律。

[①] 本义指太阳的影子，比喻时间。古代是用来观测日影以及测定时刻的仪器，一般称日晷。

精确，得到了朝廷的认可。

但是，对于《元嘉历》，有一个人并不满意，他就是祖冲之。祖冲之发现《元嘉历》有几个失误。要知道，何承天的年龄比祖冲之大很多，而且学问高深，堪称科学家泰斗。但是，祖冲之只想弥补《元嘉历》的缺憾，不管它是谁制定的，哪怕是当时的权威。

2. 就是要较真儿

祖冲之翻阅了历代有关天文的文献记载，结合自己的实际观测情况，针对《元嘉历》的错误，提出了三个修改意见：一是增加"岁差"。他第一次将"岁差"的概念引进历法。岁差即地球绕太阳转一圈后，终点不在起点上，总会出现一点差距值，大约每年为50.2秒，每71年8个月就相差1个小时。二是改革"置闰法"。他仔细推算过"19年7闰"法，得出过了200年就要相差1天。这是一个很大的缺憾。他提出在每391年设置144个闰年，推算出一个回归年的长度为365.242 814 81天，与今天的测量只差50秒（一说46秒）。三是增加了"交点月"。黄道，即太阳运行的轨道。白道，即月亮运行的轨道。日、月运行轨道的交点，又叫"黄白交点"。交点月，即月亮从黄白交点出发，运行一周的时间。计算交点月对推算日食和月食有重要意义。祖冲之计算的交点月为27.212 223天，与今天计算的交点月数据27.212 220天非常接近。运用这一数据，他准确验证了从436年至459年这23年当中的4次日食。

到了南朝宋孝武帝大明五年，新法创制成功，祖冲之为其取名《大明历》。随后，他上书朝廷，请求实行新法。但是，当时管理历法的官员戴兴法深受皇帝宠信，他思想保守，专横武断，为了自己的地位，极力反对实施新历法。祖冲之不惧权势，用科学的观点做出了有力反驳。可惜，祖冲之的历法在其生前没有得到推行，直到祖冲之死后10年，其子奏请朝廷，《大明历》才得以实施。

祖冲之从小受到家庭熏陶，树立了治学严谨、不迷信古人、不惧权威、勇于突破和创新的精神。他的这种精神令后人敬仰和膜拜。为了纪念祖冲之的功绩，1961年国际天文学联合会把月球上的一座环形山命名为"祖冲之环形山"；中国紫金山天文台将1964年发现的小行星1888命名为"祖冲之星"。

哇！原来是这样

你知道古代人是如何计算圆周率的吗？

圆周率即圆的周长与其直径之间的比率。三国时期，魏国数学家刘徽提出了"割圆术"。这是当时世界上最先进的计算圆周率的方法。其计算方法是：从圆内接正六边形开始，逐次加倍地增加边数，直至内接96边形，求正192边形的面积，计算出圆周率为3.14。后来，他又计算出圆内接正3072边形的面积，得到更为精确的圆周率3.1416。

祖冲之是世界上首次将圆周率精确到小数点后第7位数字的数学家，即圆周率在3.141 592 6与3.141 592 7之间。要得出这个结果，如果按照"割圆术"，祖冲之需要计算到圆内接16 000边形，这需要付出巨大的时间与精力。

三、谁被称作"书圣"？

东汉以后，书法逐渐成为一种专门的艺术，供人们欣赏。从那时起，中国书法人才辈出，优秀书法作品层出不穷。王羲之是东晋时期最杰出的书法家，被后世称为"书圣"，其代表作《兰亭集序》也被称为"天下第一行书"。王羲之为什么能在书法上取得巨大成就呢？

首先这跟他的老师有关。在很小的时候，王羲之就跟从姨母学习书法。他的姨母曾学习"楷书鼻祖"钟繇（yáo）的书法，造诣很深，可以算是书法名家。她对王羲之严爱有加，悉心教导，将钟繇楷书的技法以及自己对书法的心得体会毫无保留地传给了王羲之。年少的王羲之深受姨母书风的影响，书法带有柔美妩媚的风格。随着年龄的增长和阅历的增加，王羲之的视野不断拓宽，他先后接触了楷、篆、隶、草等书体，对书法的认识和理解更为深刻。他曾经北渡长江，游览名山大川，接触了秦汉时期的许多篆书和隶书作品，包括李斯、曹喜、钟繇、梁鹄（hú）、蔡邕（yōng）等人的作品。有一次，在堂兄王洽处，他偶然看到了东汉袁逢的作品——《西岳华山庙碑》[①]，深为震撼，痴迷其中。

---

① 被称为"汉隶第一品"。

第三章 三国鼎立与魏晋风流

长大以后，王羲之更加刻苦练习。据说，为了练好字，他平时休息、走路都会揣摩字的结构、笔势，用手指头在衣服上不停地比画，时间久了，他的衣服就会被划破。他常常在池塘边练字，写完字，就在池塘里洗笔砚，时间久了，竟然把池塘里的水都染黑了。还有一次，皇帝要到北郊去祭祀，让王羲之把祝词（指祷告鬼神的文辞）写在一块木板上，再拿给工人照样子雕刻。工人雕刻时，发现王羲之写的字，笔力竟然渗入木头三分半。这就是成语"入木三分"的来源。可见王羲之在书法练习上所下功夫之深。

353年的农历三月初三，王羲之和谢安等41人在浙江会稽（jī）山（今浙江省绍兴市东南部）相聚。在欢愉的气氛中，大家以文会友，饮酒赋诗，集诗成册。王羲之挥毫为诗集作序，即《兰亭集序》。该序用笔遒（qiú）媚飘逸，字字精妙，点画犹如舞蹈，有如神人相助而成，被历代书界奉为极品，被称为"天下第一行书"。

王羲之的一生，志存高远，富于创造。他的书法不泥于古，不背乎今，集众家之长，将不同笔法加以妙用，悉数融入自己的书法作品中，推陈出新，自成一家，将中国的书法艺术推进到一个新阶段。

"东床快婿"的由来

东晋时，太傅郗（xī）鉴与丞相王导是好朋友。郗鉴有一女，年方二八（16岁），才貌双全。王导乃是名门"琅琊王氏"，子侄众多。郗鉴想攀上王家，就跟王导说，自己想在王家子弟中物色一子弟做女婿。王导满口答应，并要太傅自己挑选。郗鉴遂派管家带上厚礼到丞相府探看。王家公子听说郗太傅家来选女婿，个个都铆足了劲，仔细打扮一番出来相见，因为他们早就听说郗家有个美貌多才的佳人郗子房，都希望自己能被选中。王家子弟个个都是青年才俊，管家大开眼界。后来，管家发现东厢房还有个青年，袒胸露怀，躺在床上呼呼大睡。管家将实情汇报给太傅。太傅当即拍板，将女儿嫁给那个袒胸露怀的青年。这个青年，就是后来的大书法家王羲之。后来，"东床快婿"便成为对女婿的尊称。

四、"画祖"是谁?

1. 点睛之笔

许多人喜欢中国画,有的还在学中国画,那你知道开中国画之先河的画家是谁?他就是顾恺(kǎi)之,东晋晋陵无锡(今江苏省无锡市)人。顾恺之出身于官僚世家,博学多才,会写诗、作赋、善书法,尤其擅长绘画,被认为是东晋时期,乃至中国历史上最杰出的画家。

368年,东晋都城建康(今江苏省南京市)瓦官寺计划重修寺庙。住持慧力和尚带着僧众走向街头,向社会募捐。可是,过了好多天,捐助者仍寥寥无几。顾恺之路过寺庙,听到住持要募捐,想都没想,便大笔一挥,即刻承诺捐赠100万钱。住持有些迟疑,不敢相信。但是,顾恺之看上去胸有成竹,只要求住持为他准备一道空白的墙,其余的事,不用住持操心。半个月后,顾恺之在墙上画好了一尊佛像,主人公就是佛教中有名的菩萨——维摩诘(jié),当时京城最受尊奉的菩萨。当时佛像全身已经画好,只是没有点睛,留下空落的眼部。顾恺之让住持在全城放出消息,待佛像开光之日,他将完成点睛之笔,届时,对外开放二天。当日前来观看的人,需捐资10万钱;次日来观看的,需捐资5万钱;第三天来观看的,捐资数目随意。开光那天,京城里的官员、名士纷纷前来观看,都想先睹为快。只见,覆盖佛像的幕帐缓缓落下,顾恺之用毛笔在佛像的眼部只勾勒了两下,如有神助一般,维摩诘瞬间熠熠生辉,眼睛里显露出深邃关切的神情,在场的人无不叹服,许多人喜极而泣。当天,寺庙收到的捐款已超百万钱。在创作维摩诘像的第二年,顾恺之成为朝廷重臣桓温的幕僚。从此,顾恺之步入东晋政坛。这为他后来创作惊世名作《女史箴(zhēn)图》和《洛神赋图》埋下了伏笔。

2. 以画谏言

顾恺之为什么要创作《女史箴图》这幅画?原来,女史,指古代宫廷里监督嫔妃的女官。箴,是"劝诫"的意思。今天,许多人认为,它是顾恺之积极参与朝政的证据。据说,东晋孝武帝被宠妃张贵人杀死,引发朝政动荡,各种势力蠢蠢欲动。此时,顾恺之受到荆州刺史殷仲堪的重用。他向殷仲堪建议,可以借用西晋张华所写的《女史箴》警示当今朝廷:要教育宫廷妇女。于是,顾恺之创作了《女史箴图》。画中，他描绘了12个典雅的妇女形象，她们都有良好的品行，可以看作历代妇女贤良的代表。他用笔出神入化，技艺高超，其法被称为"高古游丝描"，后人赞称"春蚕吐丝，流水行地"。即使是一千多年后的今天，《女史箴图》优美的线条造型、典雅古朴的画风依旧扑面而来。后人认为《女史箴图》是中国美术史上的开卷之作，把它称为"中国画引以为豪的起点"和"跨越千年的经典"。可惜的是，原作已佚（yì，"散失"的意思），现存最早的摹本是唐朝留下的，收藏于大英博物馆。

3. 丹青绘经典

《洛神赋图》取材于曹植的《洛神赋》。那时，顾恺之已到中年，他虽是权臣桓玄的幕僚，但受到猜忌，境遇每况愈下，自己因隐忍而惆怅。他的境遇与曹植非常相像。

曹植写《洛神赋》前，已经有好几位好友被曹丕杀害，自己也被贬，其身心接二连三遭受打击，在由洛阳返回封地的途中，他创作了这一不朽名篇。在文中，他虚构了自己与洛神的邂（xiè）逅（hòu）经过和彼此间的思慕爱恋之情。洛神的形象是那样美丽绝伦，人神之恋是那样缥缈迷离。但是，由于人神道殊，有情人不能结合，曹植借此抒发了自己无限的悲伤怅惘之情。

顾恺之读了《洛神赋》之后，颇为感动。他自己正在遭受无端打压，正所谓感同身受，完全能理解曹植写作时的心境和思想。于是，天才画家画笔一挥，《洛神赋》的意境通过画面直观地表现出来了。这样，又一幅传世名作诞生了。据说此画一出，无人再敢绘制此图。

就这样，惊世之作——曹植的《洛神赋》、王献之的《洛神赋十三行》、顾恺之的《洛神赋图》，分别以诗赋、书法、绘画的艺术形式，表现了同一个经典主题的艺术形象。在中国文化史上，这是一个至今无法企及的文化奇观。

五、崖壁之上的石窟艺术在哪里？

1. 马识善人

北魏时期，我国北方地区民族交融趋势加快，佛教因为受统治者的关注和重视，在中国得到广泛传播。不同民族的文化、中外文化在中原大地交相辉映，交流交融。始建于这一时期的云冈石窟和龙门石窟就是这一趋势的有力证明。

云冈石窟位于山西省大同市武周山。大同，古称云中、平城、云州，曾是北魏孝文帝迁都前的都城，是北魏王朝的政治和文化中心。

北魏文成帝即位，一心想要佛法长存，决心凿山为窟，开创永世基业。昙（tán）曜（yào）是北魏时期一位学识渊博、精通佛典、严守戒律的僧人。有一次，昙曜赴都城平城，适逢文成帝出城，二人路上偶遇。突然，文成帝的御马奔向前，衔咬住昙曜的袈裟衣角。文成帝认为，这是马识善人，即刻以师礼待之。460年，文成帝命昙曜开凿石窟寺。昙曜选择了武州塞这个地方，他率领10 000名工匠，开凿了象征北魏帝王的5个石窟，被后人称为昙曜五窟，从而揭开了云冈石窟开凿的序幕。昙曜五窟的艺术风格较为独特，它继承和发展了汉代的雕刻技艺，也吸收了古印度犍（qián）陀罗国等域外雕刻技艺的精华。云冈石窟历经六十余年开凿，初见规模。在一千多年的岁月中，云冈石窟屡遭政治变乱和战火，加上雨水侵蚀、风化等原因，毁损严重。新中国成立后，国家成立专门的保护机构，加强了对云冈石窟的抢救、修缮和保护工作。近年来，相关机构利用3D打印等技术，复原石窟像龛[①]（kān）、造像等，在各地向公众展出。

2. 鱼跃龙门

龙门石窟位于今河南省洛阳市。关于它名字的来源，有许多美丽的故事。

传说，为了治理水患，大禹带领百姓打通洛水，又凿开龙门山，将其分成两半，引伊水由南向北从龙门山中穿过，称作伊阙。伊水与洛水汇合，一起注入黄河。后来，东山称为香山，西山称为龙门山。伊阙辟成后，水流湍急。黄河下游的鲤鱼逆水而上，游到伊阙时，见波浪滔天，便纷纷跳跃，意欲翻越，据说跳过者即为龙，因此，人们称之为鲤鱼跃龙门。这就是成语"鱼跃龙门"的由来。

龙门石窟始建于北魏，盛于唐，终于清，前后持续了1400多年。建造时间之长，为世界之最。石窟主要构造是佛龛、造像。其中，大部分由北魏、唐朝时

[①] 用于安置佛像的柜子。

的皇室贵族开凿。另外，还有天竺、新罗、吐火罗、康国等国凿刻的众多佛像。在石窟中，印度、希腊、欧洲等地的雕刻纹样都有显现。龙门石窟汇聚了不同区域的优秀文明成果。最值得关注的是大卢舍那像龛中的主佛像——卢舍那大佛，这尊大佛是唐朝武则天捐资 2 万贯，并依据自己的仪态和容貌雕刻而成的，前后共用时 3 年。"卢舍那"是佛教术语，是"智慧广大，光明普照"的意思。卢舍那大佛高达 17.14 米，头高 4 米，耳朵长 1.9 米，面部圆润，双目凝视下方，露出祥和的笑意，与达·芬奇笔下的蒙娜丽莎有异曲同工之妙，因而，许多外国游客称之为"东方蒙娜丽莎"。

自东汉末年以来 300 多年的时间里，我国基本上处于动荡时期，但是各民族之间的交流仍在加强。同时，各民族人民也以自强不息的精神继承和发展着中华文明，以开放包容的胸怀接纳优秀的外来文化，创造出璀璨的科技和文化。

参考文献

[1] 沈伯俊. 沈伯俊说三国 [M]. 北京：中华书局，2005.

[2] 李青松. 最精彩的中国历史故事 [M]. 北京：国际文化出版公司，2005.

[3] 翟文明. 图说经典：二十四史 [M]. 北京：华文出版社，2009.

[4] 樊树志. 国史概要 [M]. 上海：复旦大学出版社，2010.

[5] 岳庆平，王文涛. 世界古代后期政治史 [M]. 北京：中国国际广播出版社，1996.

[6] 中国国家博物馆. 文物三国两晋南北朝史 [M]. 北京：中华书局，2009.

[7] 佟春燕. 唯美时代 三国两晋南北朝时期古人生活剪影 [M]. 上海：学林出版社，2016.

[8] 冯国超. 中华上下五千年（彩图版）[M]. 北京：光明日报出版社，2002.

[9] 朱红. 输掉战役赢得战争：驾驭全局的策略 [M]. 深圳：海天出版社，2008.

[10] 张万红. 趣味博弈学 [M]. 郑州：郑州大学出版社，2007.

[11] 于海娣，黎娜. 中国通史（上下卷）[M]. 哈尔滨：黑龙江科学技术出版社，2007.

[12] 翟文明. 中华上下五千年 [M]. 北京：大众文艺出版社，2008.

[13] 颜邦逸，任飞. 中国历史经典故事 300[M]. 大连：大连出版社，2009.

[14] 孟涵. 你应该知道的中国历史知识 [M]. 北京：中国长安出版社，2010.

[15] 谢洪波，宿春礼. 一定要懂博弈论 [M]. 北京：华文出版社，2009.

[16] 晏建怀. 搞笑别人或被别人搞笑的皇帝 [J]. 金山，2009（11）：47.

第四章
隋朝统一到唐朝盛世

第四章　隋朝统一到唐朝盛世

第一节　隋朝统一，缘何速亡

隋朝是我国历史上一个短暂的王朝，只有37年的历史，放到中华文明的历史长河中，只掀起一朵小小的浪花。可是这小小的浪花中又包含着无数晶莹的水滴：统一全国，创立科举，开凿运河……这些汇聚在一起，却流光溢彩。这短短的37年历史，留下了无数的故事让人传颂，甚至小动物和花花草草也可成文章。让我们先从"井底之蛙"的故事说起吧！

一、谁会羡慕井中蛙？

唐朝诗人杜牧在《台城曲》一诗中写道："整整复斜斜，隋旗簇晚沙。门外韩擒虎，楼头张丽华。谁怜容足地，却羡井中蛙。"台城在哪儿？韩擒虎、张丽华是什么人？坐井观天的青蛙，为什么会有人羡慕呢？

据记载，588年陈朝宫廷所在台城之上，管乐齐鸣，歌舞升平。皇帝陈叔宝正听得兴起，突然被急报打断，尚书仆射袁宪焦急地上奏："启奏陛下，隋朝大军压境，如今已至长江一线。如今之计，自当增兵京口、采石这些沿江要地。一旦隋军登陆江南，建康（今江苏省南京市）就危险了啊！"陈叔宝漫不经心地说："我们的建康是历朝都城所在，自有上天庇佑。北齐的兵将来过三回，北周的军队来过两次，不都是无功而返吗？隋军又有什么可怕的？"宠臣孔范也随声附和："陛下的见解太高明了！长江可是天堑，自古以来就是用来划分南北的天然界限。隋军就是再有本事，还能飞过来不成？这些警报不过是守江的官员贪功而造出的假情报而已，根本不值一提！"于是，乐舞再起，陈朝君臣继续饮酒作乐。事实是不是像他们所说的那样呢？此时隋文帝杨坚早就任命其子晋王杨广、丞相杨素为元帅，贺若弼、韩擒虎等为大将，兵分八路南下，从巴蜀到东海之滨沿长江数千里的战线上，到处分布着隋军。贺若弼和韩擒虎的部队争先恐后地进行突袭。589年的正月初一，贺若弼利用敌人过节享乐的麻痹心理引兵渡江，陈兵竟然没有发现。韩擒虎率领500人夜渡长江，由于守军都喝醉了，他顺利地占领了采石矶（jī）。两路隋军逼近建康，陈后主吓得日夜哭泣，朝廷陷入一片混乱之中。不到12天，韩擒虎就在陈朝降将的带领下，领兵直入朱雀门。隋军兵士打进皇宫后，到处也找不到陈后主。后来，他们捉住了几个太监，找到后殿，发现一口枯井，往下一望，隐约看到井里有人。兵士们高声呼喊，井里却没人答应。兵士们威吓着叫喊："再不回答，我们要往下扔石头了。"说着，有人真的拿过来一块大石头放在井口，井里的人吓得尖叫起来。兵士把绳索丢到井里，费了很大劲才把井中人拉了上来。原来，陈后主带着最宠爱的两个妃子张丽华、孔氏一起躲在井里！这样看来，这位君王连做井中蛙都不行。南朝的最后一个朝代陈朝就此灭亡。自316年西晋灭亡起，经过270多年的分裂局面，隋朝再次统一全国。隋的统一结束了长期分裂的局面，顺应了统一多民族国家的历史发展大趋势。

在南北方割据政权中，不乏立志统一全国的统治者和将帅，如东晋祖逖、桓温，南朝刘裕，前秦苻坚，可他们都没能够成功。为什么隋朝能够结束魏晋南北朝时期的分裂局面呢？据《资治通鉴·陈长城公至德_年》记载，早在伐陈的大军在长江沿线布开时，隋朝行台吏部郎中①薛道衡就已经看出其中原因：第一，分裂已久，统一是人心所向。第二，隋文帝生活节俭，勤于政事，在政治、经济、军事等方面进行了一系列改革，相反陈后主却荒淫无道，生活奢侈。第三，陈后主委任的官员能力平平，文官只会作诗饮酒，识人不清；武将虽个人能力强大，但缺乏谋略。第四，隋朝得道多助，陈朝失道寡助，陈朝军队总人数不过10万，分散在漫长的长江防线上，顾此失彼。

陈朝统治腐朽，除了陈后主本人的问题，也有南朝风气衰败淫靡的原因。《颜氏家训》中记述了南朝士族在侯景之乱时已出现身体孱（chán）弱到走路都费劲，时不时猝死的现象；建康令王复从未骑过马，见到马居然惊呼为虎。

此时北朝民风又怎样呢？流传千古的花木兰替父从军的民间故事就来源于北朝民歌《木兰诗》。花木兰英勇善战，有与男子一争高下之气，正是北朝民风剽悍、军事力量强大的折射。这些元素，都为隋朝灭陈朝奠定了坚实的基础。

---

① 管理官员的副职，相当于今天的组织部副部长。

二、考试从何时开始？

从我们进入学校开始，就离不开考试。有些人一提起考试就害怕，巴不得没有考试制度才好。大家有没有想过，如果没有考试，国家靠什么选拔人才呢？

汉代采用察举制度，就是由地方官举荐，不以一考定终身，考察内容除了学识，还包括品行等多项内容。但是，这种制度的缺点也非常明显：选拔没有统一的标准，全靠地方官人为判断，当时也没有制度来监督地方官的公平公正、清正廉洁。"举秀才，不知书。举孝廉①，父别居。寒素清白浊如泥，高第良将怯如鸡。"这首东汉末年流行的童谣从一个侧面揭示了察举制度的弊端。

到了魏晋南北朝时期，采用九品中正制②，算是给人才选拔提供了一个标准。但是，在实际操作中，往往是"上品无寒门，下品无世族"，天然的血缘成了划分品级的主要依据。出身高贵就可以当好官吗？东汉末年的袁绍，虽出身四世三公，却依然变成地方割据势力。《世说新语·简傲》里提到过东晋王羲之的第五子王徽之做官的故事。王徽之曾任车骑将军桓冲手下的骑兵参军，一次，桓冲问他："你在哪个部门工作？"王徽之回答："不知在哪个部门，时常见到马被牵进来，好像是马曹。"桓冲又问："官府中有多少匹马？"他回答："我不过问马的

人物小史

隋文帝杨坚，隋朝开国皇帝。其父杨忠是帮助宇文泰开创北周基业的功臣，位至柱国、大司空，封随国公。杨坚承袭了父亲随国公的爵位。周武帝统一北齐后，杨坚先后任定州总管、亳州总管，成为地方实力派。周宣帝即位后，杨坚因是皇后的父亲，被内调柱国、大司马，掌握军权。581年杨坚代周建隋称帝，即为隋文帝。他因为厌恶"随"字的"走之"有"走"的含义，不够吉利，就去掉"走之"为"隋"，定为国号，并把当年的年号改为开皇元年。589年，隋文帝统一全国，其后实行巩固统一的各种措施。

---

① 选拔官吏的科目名称。
② 魏晋南北朝时期选拔人才的一种制度。

事,哪里知道它的数目呢?"桓冲又问:"近来死了多少马匹?"他回答:"不知道活着的,怎么能知道死掉的!"总之一问三不知,这样的人为官,显然是不负责任的。

如何才能打破门第束缚,将真正有才能的人选拔出来为国效力?隋文帝开始实施分科考试制度,隋炀帝设立了我们耳熟能详的进士科。进士科的设置标志着科举制度的正式创立。自此,这种制度成为历朝选拔官吏的主要制度,在中国持续了1300多年,还为近代英国文官制度的创立提供了借鉴。

三、亡隋只因大运河吗?

封建社会的许多文人认为隋炀帝为看扬州琼花,专门修建大运河,结果导致其身死国灭。历史真的是这样的吗?

据《隋书》《资治通鉴》等史书记载,605年,隋炀帝即位第一年就下令修造通济渠,同年又改造邗(hán)沟。608年,隋炀帝再次下令开凿永济渠。610年,隋炀帝重新疏通和拓宽长江以南的运河古道,形成江南河。至此,开凿大运河的工程基本完成。隋炀帝前后共用六年时间开凿了世界上时间最早、航程最长、气势最宏伟的一条人工运河。而且,在下令开凿通济渠的时候,建造了不同规格的数万艘船。5个月后,通济渠修建完成,邗沟修复,自洛阳至江都的水路全线贯通,船队也建造完工,隋炀帝开始第一次巡游江都(今江苏省扬州市)。出发那天,隋炀帝和他妻子萧皇后分乘两艘四层高的龙船,船上宫殿巍峨,金碧辉煌;接着就是宫妃、王公贵族、文武官员坐的彩船;最后面的是装载卫兵、武器和帐幕的大船。上万艘船在运河上一字排开,首尾相连,竟有200里长。运河两岸,修筑了柳树成荫的御道,8万多名民工被征发来拉纤。两队骑兵夹岸护送。为了满足船队大批人员的享受,隋炀帝命令沿途百姓准备食物,叫作"献食",还规定献食丰盛的,可以加官晋爵;献食匮乏的,要治罪。吃不完的剩菜,就让人在岸边挖个坑埋掉。可叹那些被迫献食的百姓,很多都倾家荡产。

那么,隋炀帝开凿大运河真是导致隋朝最终灭亡的原因吗?答案是否定的。其实隋朝的灭亡是其暴政所导致的。

事实上,大运河的开凿没能让隋炀帝看上琼花,却让沿河两岸出现了重要的城市。除了扬州，沿河还出现了一些政治中心城市。北宋的都城汴京在通济渠上，南宋的都城临安就是大运河南部的端点——杭州，元明清的都城则是大运河北部的端点——北京。可以说，大运河的开通改变了都城设在自然形成的河流（如黄河、长江）沿岸的惯例，改变了中国的政治格局。

趣闻联播

扬州第一花

琼花以洁白晶莹、香气浓郁而著称。它本是传说中的植物，由蕃釐道人幻生而成。后来人们把现实中的植物绣球花等附会到琼花之上，并将其视为"扬州第一花"、扬州市花等，成为扬州的标志。

传说隋炀帝慕名前来赏花时，琼花不愿为昏君而开，一阵风过，花瓣落尽。隋炀帝大怒，视之为妖花，尽伐其株。隋炀帝死后，被砍的琼花又恢复生机。

——摘编自刘莉《隋炀帝故事的文本演变与文化内涵》

哇！原来是这样

应"运"而生的扬州

春秋时期，吴王夫差依托扬州修建的邗沟成为大运河的初始河段。后来大运河又在邗沟河道的基础上向南北延伸。大运河的开凿，给具有独特地理优势的扬州带来了很大的发展空间。

唐朝，大运河发挥的作用更为显著。此时扬州位于大运河与长江的交汇点上，成为我国东南地区的第一大都会、海上丝绸之路的著名港口、唐朝的财富中心。唐朝扬州的农业、商业和手工业非常发达，出现了大量的工场和手工作坊，成为全国除京城长安外的第一繁华大都市，位居享有"天府之国"美誉的四川成都之上，史称"扬一益二"。尤其是清朝康乾时期，扬州成为世界上人口超过50万的十大城市之一。在中国和东西方的交流史上，扬州都具有十分重要的地位。

第二节　隋亡唐兴，再现统一

隋朝是个富庶的王朝，宋元之际的著名历史学家马端临曾在《文献通考》中赞叹：从古至今，提到国家经济的富有没有比得上隋朝的。按照《贞观政要》的记载，隋文帝末年，天下粮仓的存储量还能供应五六十年。这样繁华的朝代怎么会迫使农民走投无路？唐太宗李世民的一段话解开了我们的困惑：隋朝开皇十四年出现了严重的旱灾，当时的粮仓已经满溢，可是隋文帝把粮仓看得比百姓还要重要，不允许开仓放粮，以致国富民穷。

隋末各地爆发农民起义，可建立统一政权的不是农民政权，而是关陇军事贵族集团的另一核心家族，为什么会出现这样的结果？下面我们就一一道来。

一、表亲之战，还是正义之战？

这里的表亲指的是隋朝皇室杨氏和唐朝皇室李氏，这种表亲关系的形成与三朝岳父独孤信有关。独孤信是西魏八大柱国之一，膝下无子，但是女儿众多，而且女婿和后代中有好几位都是帝王级人物。他的长女是北周明帝宇文毓的皇后；四女嫁给了另一位柱国唐国公李虎之子李昞（bǐng），两人生子李渊，也就是后来的唐高祖；七女嫁给了随国公之子杨坚，也就是后来的隋文帝。细论起来，李渊是杨坚的外甥、杨广的表弟。

表兄弟之间怎么会发生战争呢？这还要从隋朝末年的反隋浪潮说起。隋朝末年参加反隋军队的阶层，不仅有大批逃避征役的农民和逃避战争的士兵，还有众多的奴婢、士人、商人、地主和官吏，门阀旧族乃至关陇集团上层最后都有人卷入。对于隋炀帝来说，几乎到了举世皆敌的地步。

李渊的反隋想法，是随着隋炀帝对于关陇贵族集团内部核心家族疑忌的加深而逐渐明确的。隋炀帝相信方士"李氏当为天子"的说法，在李渊因病未能述职时大发雷霆，吓得李渊只好纵酒纳贿，以求自保。隋炀帝还把开国功臣李穆之子李浑及其宗族 32 人以谋反罪诛杀，只是因为其门族强盛，让隋炀帝放心不下。这些事情使李渊下定反隋之心，并开始准备。隋炀帝众叛亲离，给了李渊乘虚而入的最佳时机。最终，617 年李渊在太原起兵，后来攻占长安，立隋炀帝孙代王杨侑（yòu）为皇帝。当隋炀帝被杀的消息传到长安后，李渊经过一番表演，让杨侑将皇位禅让给自己，在 618 年正式称帝，国号为唐，李渊就是唐高祖。

二、昭陵六骏今安在？

鲁迅先生在《看镜有感》中写道："汉人的墓前石兽，多半是羊，虎，天禄，辟邪，而长安的昭陵上，却刻着带箭的骏马，还有一匹驼鸟，则办法简直前无古人。"昭陵是唐太宗李世民的陵墓。"昭陵六骏"浮雕是李世民在 636 年埋葬了文德皇后以后下令雕刻并陈列于昭陵的。相传六骏浮雕的样本出自当时的画家阎立本之手，雕刻完成后李世民亲自撰写《马赞》一文，大书法家欧阳询将其书写于原石上角，随后殷仲容用隶书雕刻于座上。

无论是秦始皇兵马俑里的马群，还是霍去病墓前的祁连石马，抑或汉代河西走廊的"马踏飞燕"，都没有名字。而昭陵六骏中的每一匹都有独特的名字，作为李世民这位马上皇帝的亲密战友，它们都有一段非凡的战斗经历和卓著的战功！

"白蹄乌"周身乌黑，四蹄白色，所谓"乌云遮天、四蹄踏雪"。此马是 618 年李世民在陕西长武平定薛仁杲（gǎo）时的骑乘，传说曾一昼夜奔驰 83 千米去追歼薛仁杲。"特勒骠"毛色黄白，嘴微黑，是 619 年李世民与宋金刚作战时的坐骑。"特勒"是突厥族官名，此马可能是突厥人所献。"青骓（zhuī）"意为"来自西方大秦的骏马"，毛色苍白，是 621 年李世民在河北献县虎牢关与窦建德作战时的坐骑，它在冲锋陷阵时被射中五箭。"飒露紫"突厥语意为"勇健者的紫色骏马"，毛色紫红。621 年，李世民与王世充在洛阳邙山交战的时候，此马驮着主人冲锋陷阵，勇猛无比。一次，为了试探敌方虚实，李世民骑着飒露紫，带了少数人悄悄出阵。突然，王世充的军队蜂拥而上，在激战中李世民身陷重围，飒露紫连中数箭。在这紧急关头，大将丘行恭赶到，把自己的坐骑让给了李世民，又为飒露紫拔去了箭矢，随后持长剑左冲右突，掩护李世民冲出重围。昭陵六骏中，只有飒露紫身边有一人像，就是丘行恭身穿战袍的形象，意在表彰丘行恭舍生救主的功绩。"什伐赤"是李世民平叛王世充军队的骑乘。"什伐"为波斯语"马"的意思，由此可知这匹马来自波斯，毛色纯赤。"拳毛䯄（guā）"为代州刺史许洛仁在虎牢关所献，也来自突厥，浑身卷毛，是一匹黑嘴黄马。此马毛色不佳，一般来讲并不是良马之相。但是李世民并不以貌取马，而是亲自上马试驾。"人以国士待我，我以国士报之。"此马随着李世民在漳水河畔大战刘黑闼（tà），从浮雕上看，前中六箭，背中三箭，仍然屹立不倒，救了李世民一命，力竭而死。

李世民的亲密战友当然不只这些战马，武将必然包含其中。其中最有代表性的就是在民间家喻户晓的门神——秦叔宝和尉迟敬德。这个传说最早出自明代的

哇！原来是这样

唐诗中的"昭陵六骏"

韦庄《闻再幸梁洋》的"兴庆玉龙寒自跃，昭陵石马夜空嘶"，对"六骏"及其所反映的时代精神表达了无限的追怀之情。李贺《马诗·二十三首》其十六赞美"拳毛䯄"："唐剑斩隋公，拳毛属太宗。莫嫌金甲重，且去捉飘风。"苏轼有五言古诗咏赞"昭陵六骏"应时而生："天将铲隋乱，帝遣六龙来。森然风云姿，飒爽毛骨开。"同时赞美了唐太宗叱咤风云、所向披靡的英雄气概。在民间，有不少关于"昭陵六骏"的有趣传说，其中流传最广的传说是这样的：安史之乱时，安禄山率叛军向长安逼近，唐王朝派军队驻守潼关抵御，双方军队展开激烈的战斗。安禄山手下将领率领一队打着白旗的人马，号称白旗军。唐军见了，疑为神兵鬼将，惊慌失措。这时，突然有一支黄旗军从天而降，迎面抵住白旗军厮杀，双方杀得天昏地暗。经过一番苦战，白旗军大败而逃，黄旗军也倏然消失了。后来，守护昭陵的官员报告朝廷，就在潼关交战那天，"昭陵六骏"与陵前的石人石马个个汗流浃背，气喘吁吁。原来，那队黄旗军就是他们组成的队伍，在国难当头大显神威！可以看出，人们对"昭陵六骏"很有感情，在"六骏"身上寄托着对民族、对国家的热爱，对报效国家的行为的褒奖。所以晚唐李商隐《复京》中还说："天教李令心如日，可要昭陵石马来"。

《三教源流搜神大全》卷之《门神二将军》条，据说唐太宗因杀人太多，以致宫中鬼魅作乱，令其难以就寝，只得向群臣求助。大将秦叔宝主动请命为李世民看门，与另一大将尉迟敬德全副武装立于门外警戒，当夜果然平安无事。唐太宗就命画工画下二人的戎装像，悬挂于宫殿的左右门板之上，以后宫中再无邪祟。后世将此法沿袭下来，二人自此被称为门神。

无论是昭陵六骏，还是门神的传说，其实都折射了李世民立下的战功。唐高祖认为古代官职已经不足以表彰李世民的战功，就专门为他设了一个新的官职——天策上将。后来，就是这位天策上将发动玄武门之变，登上皇帝宝座。

第三节 盛世唐朝，耀我中华

消散了春秋战国的飞沙走石，卸下了大秦帝国的声名显赫，褪去了刘汉王朝的温文儒雅，淹没了三国两晋的寒光剑影，唐朝——有着政通人和，有着霓裳羽衣，有着大漠孤烟，有着万邦来朝。关于这个空前繁荣的王朝，有哪些人、哪些事被后人津津乐道？

一、唐太宗的用人之道有何高明之处？

1. 疑人不用，用人不疑

玄武门事变之后，李世民被立为太子。与此同时，李渊下诏：从此之后，全国大小事务，均由李世民裁决，然后再禀报自己。两个月后，李渊把皇位禅让给李世民，自己做了太上皇。从此，李世民成为唐朝的第二位皇帝——唐太宗。李世民目睹了隋朝末年的农民起义，深知隋朝灭亡的原因，所以他重视人民的力

> **哇！原来是这样**
>
> 唐高祖李渊称帝后，立长子李建成为太子，次子李世民为秦王。但是在唐朝建立的过程中，李世民立下了巨大军功，成为皇位的有力竞争者。李建成为巩固地位，便与四弟李元吉结盟共同对付秦王。626年，李世民先发制人，在皇宫北门玄武门射杀了李建成与李元吉，取得了太子之位，这就是有名的"玄武门之变"。之后，李渊退位，李世民即位，开启了唐朝的"贞观之治"。
>
> 643年，李世民想起了为唐朝的建立和兴盛立下汗马功劳的众多功臣，为了纪念和褒奖他们，下令在皇宫内修建凌烟阁，命令阎立本绘制24个功臣的画像，与真人大小相仿，大书法家褚遂良题字，李世民亲自写赞语，这就是有名的"凌烟阁二十四功臣"。

量，认为："君王好比舟，人民好比水，水能载舟，亦能覆舟。"

为了避免"覆舟"的危险，李世民广泛招纳各方面人才，不以出身论英雄。例如尉迟敬德原来是刘武周部下的猛将，屡次打败唐军，后来归降于李世民。很多人担心尉迟敬德会叛逃，想要杀了他。李世民找到尉迟敬德，安慰他说："大丈夫凭着感情互相信赖，不必把小小委屈放在心上。我不会听信谗言去杀害忠臣，如果你真的不想在朝廷做事，可以拿走钱财，就当我的一番心意。"当天晚上，尉迟敬德陪伴李世民打猎，途中遇到了对手王世充的军队。尉迟敬德为了回报李世民的知遇之恩，驱马向前，大吼一声，杀入敌阵，将敌将挑于马下，救了李世民一命。事后，李世民感慨道："人们都说你要背叛我，上天开导我要善待他人，没想到行善得福，因果回报这么快啊。"

2. 唐太宗的"镜子"

正因为唐太宗不以出身论英雄，在他的周围聚集了一大批人才。在这些臣子中，他对魏征是又敬又怕。魏征曾辅佐过太子李建成，玄武门事变后，归顺了李世民。李世民不计前嫌，提拔他为谏议大夫，还经常向他请教。有一次，李世民问他什么是明君。魏征说："兼听则明，偏信则暗。"意思是：要同时听取各方面的意见，才能正确认识事物；只相信单方面的话，必然会犯片面错误。于是李世民虚心纳谏，从善如流。

除了尊敬，李世民还有点"怕"魏征。长乐公主出嫁的时候，李世民因为她的母亲是长孙皇后，就让有关部门为其置办的嫁妆比自己的妹妹永嘉长公主的嫁妆多一倍。魏征知道后，说道："从前汉明帝封地给儿子时，说'我的儿子封地大小不能与先帝的儿子一样，封给他一半土地就够了'。于是史书将这件事作为典范记载下来。现在天子的妹妹是长公主，天子的女儿是公主，既然加'长'字，就说明她的地位高贵。感情可以有深有浅，但是不能超过制度。"李世民听完后，默默地接受了魏征的建议，还派人送钱和东西给他，并且给他升了官。魏征前后共上谏200多次。魏征死后，唐太宗痛哭流涕，直言："夫以铜为镜，可以正衣冠；以古为镜，可以见兴替；以人为镜，可以知得失。朕常保此三镜，以防己过。魏征没，朕亡一镜矣！"意思是："用铜做镜子可以整理自己的衣冠。用历史做镜子可以总结一个朝代兴衰的经验。用人做镜子可以明白自己的得失。

魏征死了，我失去了一面镜子啊！"正是因为有了魏征这面"镜子"，当时朝中人才济济，政治清明。

二、"贞观之治"为什么不叫"贞观盛世"？

1. 天下英雄，入吾彀（gòu）中

科举制度从隋朝开始，一直是朝廷录用人员的方式。那么普通人如何参加科举考试呢？只要家里不从事工商业，或者无家人犯法，都有资格参加考试。但是考试前需要确定在哪里学习，如果学生在地方和中央办的学校中学习，只要学校考试合格，就可以直接报名参加中央的"省试"。没有在官学就读的学生，要想参加考试，须先通过县和州的两级初试，待合格后，再到长安参加省试。

其次，考生要决定考什么科目。唐朝的考试科目中，明经科和进士科最常见。明经科主要考察儒家经典，考试先考帖经，也就是从学习的经文中选取某行，遮住几个字，考生填写缺失的字词，然后口试，相对来讲比较容易，每年大约有 10%～20% 的录取率。

进士科主要考策论，贞观八年在策问中加试经史，增加了考试的难度和挑战性。相比明经科，进士科考试要难得多，录取比例也低得多，每年不过 1%～2% 的录取率，所以俗称"三十老明经，五十少进士"。

进士科虽然难考，但是考生发展前途很好。唐朝的宰相，进士出身的人占到一半以上，名相姚崇、宋璟、张九龄等都是进士出身。而且这种考试，侧重考查考生的文学修养和文学才能，所以在所有的科举考试科目中，进士科最受重视。

考生考中进士之后，还要到曲江参加宴饮，然后来到大雁塔下，把姓名、籍贯和及第的时间写在墙壁上，以示荣耀，这也是后来"曲江赐宴""雁塔题名"典故的由来。

朝廷通过科举考试选拔了大量人才，最大限度消弭（mǐ）了士大夫离心离德的可能。正如唐太宗李世民曾经说过的话："天下英雄，尽入吾彀中矣。"

2. "贞观之治""治"在何处

贞观期间,李世民减轻了人民的劳役负担。当时成年男子每年须向官府交纳定量的谷物,叫"租";交纳定量的绢或布,叫"调";服徭役期间,不愿意服役可以纳布匹代役,叫作"庸"。隋朝规定50岁以上的男子才能缴纳绢代替服役,而李世民取消了年龄上的限制,在农忙时节,农民可以缴纳绢而不去服役。一些有手艺的农民,纳绢后可以继续从事手工业生产,这些措施都有利于经济的发展。

李世民还非常重视法律的修订。贞观初年,他任命长孙无忌、房玄龄等对前朝法典加以修订,前后费时十余年,修成《贞观律》。《贞观律》延续了儒家"德主刑辅"的立法思想,剔除了腰斩、车裂、五马分尸等酷刑,将谋反满门抄斩改成只处死直系亲属。

李世民也非常遵守法律,他曾说:"法律不是我一个人的法律,是天下人的法律,因此所有人都要遵守。"有一次,县令裴仁轨让门卫为自己干活,这不符合当时的规定。太宗知道后,非常生气,准备杀了裴仁轨。殿中侍御史李乾祐上谏道:"法律是天下人的法律,不是陛下您一个人的。裴仁轨犯了错误,按照法律应该轻判,而您却要杀了他,您带头破坏法律,以后让臣子们怎么办呢?"唐太宗听完后若有所思,不仅免除了裴仁轨的死刑,还升李乾祐为侍御史。

正是因为李世民能够虚心纳谏,并采取了一系列措施,才使国家政治清明、经济繁荣、国力强盛、社会安定。他的年号是"贞观",因此历史上称这一时期为"贞观之治"。

贞观时期,国家在政治、经济方面比较繁荣,但是作为盛世,一定是一个朝代最辉煌、最繁荣的时期。李世民统治期间,国家刚刚结束隋末战乱,社会还在恢复阶段,因此他的统治只能是"治世"而不是"盛世"。李世民为唐朝发展奠定了基础,他是历史上的一位明君。

三、"开元盛世"主要"盛"在哪里?

1. 大唐盛世

唐太宗去世后,唐朝在经历了一段时间的动荡后,迎来了更为辉煌的"开元盛世"。这一时期的皇帝就是唐玄宗李隆基。唐玄宗是武则天的孙子,与唐太宗一样,李隆基也做到了重用贤能。

在唐玄宗统治前期,全国约962万户、5288万人。到了统治中期,全国实际已经超过1400万户,人口超过7000万。在农业经济为主的时代,人口就是生产力。唐玄宗时期人口繁盛,反映了当时中国的经济实力首屈一指。

哇!原来是这样

无字碑为谁而立

武则天,唐高宗李治的皇后,中国历史上唯一的女皇帝。690年,武则天称帝,国号周。她抑制旧贵族及李唐皇族,举行殿试,创武举,选拔有才能之士。在她执政的半个世纪中,社会经济呈现出发展的趋势。705年,武则天退位,中宗复位。同年11月武则天去世,与唐高宗李治合葬于乾陵。

乾陵墓前有两块碑:一块是高宗的墓碑,上有武则天的题词;另一块是武则天的墓碑,石碑上空无一字,意为"是非自有后人评"。

在农业经济时代,除了人口数量能反映经济的繁荣,耕地的数量也是一个重要指标。有史料记载:"开元、天宝之中,耕者益力,四海之内,高山绝壑(hè),耒(lěi)耜亦满。"根据推算,唐朝人均耕地约4.113平方米,高于汉朝的数字。这一时期农业的发展也为手工业、商业的发展奠定了基础。

2. 白瓷始兴,"秘色"入心

唐朝的陶瓷生产水平很高,瓷器制造与陶器制造分开,就是从唐代开始的。唐代瓷窑遍及大江南北。邢窑以产白瓷闻名,这里的白瓷坚实细腻,釉色纯白光亮,类银似雪。越窑以产青瓷著称,越窑的青瓷胎骨很薄,施釉均匀,釉色青翠莹润,光彩照人。

越窑最具代表性的瓷器是秘色瓷,釉色呈湖水绿,为唐代皇室所专用。唐朝以后,秘色瓷只有史书记载,没人见过实物。对秘色瓷也有各种说法:有人认为秘色指的是一种釉色的隐秘,也有人认为是对一种颜色的叫法。一直到1987年法门寺地宫出土,大家才知晓秘色瓷的面貌。

第四章　隋朝统一到唐朝盛世

哇！原来是这样

陶与瓷有区别吗？

我们经常说"陶瓷"，其实陶与瓷是不一样的。首先是烧制温度不同。陶器烧制温度是 800～1000 摄氏度，瓷器烧制温度是 1300～1400 摄氏度。其次原料不同。陶器使用一般黏土即可制坯烧成，瓷器则需要选择特定的材料烧制。

哇！原来是这样

唐三彩是唐朝时着名陶器，因为它以黄、绿、白三色为主，所以人们叫它"唐三彩"。在很长一段时间，人们并不知道它是做什么的，也不知道它叫什么，更不知道它有什么价值和意义。20世纪初，陇海铁路修筑到洛阳邙山时发现一批唐代墓葬，随葬品中有一批造型精美、色彩亮丽的艺术品，唐三彩技术才得以重见天日。

唐三彩的艺术价值在其色彩方面也有所表现。在唐三彩的釉色中，蓝色是比较少见的。因为蓝彩的呈色剂是钴，这种钴蓝不是中国生产的，很可能是通过丝绸之路传入唐代的一种装饰原料，所以有蓝彩的器物是非常名贵的。烧制唐三彩时，温度只要达到800多摄氏度就行，因此唐三彩是陶器而不是瓷器。

法门寺位于陕西省扶风县，为唐高祖李渊所命名。1987年，因为连月下雨，法门寺的大圣真身宝塔倒塌，国家在进行抢救性挖掘时，发现塔下有个地宫。这个地宫从埋好直到发现，1000多年间没有任何人发掘过。法门寺地宫出土了大量文物，其中最著名的是佛指舍利和瓷器，经专家鉴定这批瓷器就是传说中的秘色瓷。法门寺一共出土了14件瓷器，颜色似明月染春水、薄冰盛绿云，唐朝300多年的历史也就留下这十几件秘色瓷。后来这种技术影响了北宋，徽宗时期发展出具有北宋特色的汝窑青瓷。

3."买东西"的起源

在日常生活中，我们经常会说到"买东西"，为什么称为"买东西"而不是"买南北"呢？据说，这与唐朝的商业和城市布局有关。

唐朝的商业十分繁荣，集中体现在长安城。当时长安城跟现在的西安在城市布局上不一样。长安城呈正方形，分为宫城、皇城和外郭城三部分。位于最北部的叫宫城，是皇帝和皇族居住的地方，"玄武门事变"就发生在这里。宫城南面是皇城，是朝廷各部官员办公的地方。除此以外的大片地区叫外郭城，有100多个坊。坊是居民区。每个坊都有坊墙，四面各开一门，供居民出入，晚上锁上坊门，天亮再打开坊门，现在我们习惯用"街坊邻居"来称呼住在附近的人家，就是这个缘故。

长安城东西各有一个市场，每个市场有1000多家店铺。如果你想买国内的商品，最好去东市，因为在那里可以买到全国各地的土特产品。如果你想买带有异域特色的商品，最好去西市，在这里，你可以买到具有少数民族特色和外国特色的珠宝、香料和药材。逛累了，你还可以走进酒肆，吃点异域的食品。到了唐朝中期，除了吃饭，在酒肆里你还能欣赏到西域姑娘的歌舞，听到李白"五陵年少金市东""笑入胡姬酒肆中"的诗句。但是在逛街的时候你要注意时间。当时规定：中午时打鼓，营业开始；日落西山时，鸣钲，店铺关门，市场活动就停止了。

那时人们要到东市去购物，就简单说"去买东"，到西市去就说"去买西"，时间久了，"买东西"一词就慢慢地深入人心。

长安城建筑布局和城市规划对当时日本、新罗的都城建筑都有很大影响。英国历史学家汤恩比曾说："如果让我生活在具有5000年漫长历史的神州大地，让我选择一个朝代的话，我会选择唐代的长安城。"

开元期间，农业、手工业、商业的发展使唐朝国力前所未有地强大，进入了鼎盛时期，历史上称为"开元盛世"。

四、"和同为一家"从何说起？

中国大部分省市的英文名称是中文名称首字母大写的拼音，比如Shanghai、

Beijing。但是有一些地名却很特殊，它们不用拼音，有自己的专属英文名，比如西藏就叫"Tibet"，而不叫"Xizang"。为什么会这样呢？这要从西藏的历史说起。唐朝时期，西藏被称为"吐蕃（bō）"，后来蒙古人和突厥人称吐蕃为"土伯特"。到了元朝，来中国访问的阿拉伯人将其记作"Tubbat"，传入西方就演变成"Tibet"一词。吐蕃人是今天藏族的祖先。松赞干布是吐蕃的赞普[①]，从小就聪明过人，能文能武。唐太宗时期，松赞干布仰慕唐朝文化，希望跟唐朝建立友好关系，娶大唐公主为妻。唐太宗也愿意与吐蕃和平相处，决定将文成公主嫁给他。641年，文成公主在江夏王李道宗的护送下进入吐蕃。到达柏海时，松赞干布远道而来迎接，并以子婿之礼和李道宗相见。据说文成公主嫁到吐蕃时，带去谷物3800种，牲畜5500种，工匠5500人，当然这些数字有夸张的成分，但是随着文成公主的到来，中原地区的农具制造、纺织、缫丝等生产技术和医药等科学知识陆续传到吐蕃。唐朝与吐蕃的和亲促进了吐蕃社会和经济的发展。

唐中宗时，唐蕃再度和亲，赞普尺带珠丹迎娶了金城公主。金城公主带去了锦缎、书籍和工匠等专业人员，还把释迦牟尼佛像供奉在大昭寺中。吐蕃上书唐朝皇帝时说，唐蕃已经"和同为一家"。

现在拉萨大昭寺的门前还竖立着一块石碑，石碑四面都刻有文字，这就是著名的唐蕃会盟碑。正面碑文阐述了双方结盟的目的和过程，特别提到了唐太宗把文成公主远嫁到吐蕃，唐中宗把金城公主许配给尺带珠丹。这些友好往来的记载，反映了当时汉藏人民的亲密团结。据碑文所记，"同一盟文之碑，亦立于唐之京师"，但是直到现在也没有找到，如果有一天能在长安城里找到同一盟文之碑，更能体现汉藏两族的团结友好。

历史学家史念海先生曾经这样评价唐朝："唐代在它的政治统一、经济上升、疆域开拓和文化繁荣的历史条件下所制定的和亲等政策，在加强民族团结、沟通民族感情、促进文化交流、发展边疆生产等方面，都产生了积极作用。"

[①] 吐蕃君长的称号。

五、为什么鉴真东渡而玄奘西行？

1. 玄奘西行取经

大家一定读过《西游记》吧，书中的唐僧经历了九九八十一难，最终取得真经返回大唐。历史上的确有唐僧其人，他的原型就是唐朝的玄奘法师。那么玄奘法师为什么西行取经呢？原来玄奘法师在学习过程中，发现经书中存在很多问题，他怀疑在译经的过程中出现偏差，于是许下心愿前往印度求取佛法。627 年，玄奘从长安出发，一路向西，过玉门关，来到高昌国，取道龟（qiū）兹、焉耆（qí），经乌兹别克斯坦、阿富汗、巴基斯坦进入印度。

>  **人物小史**
>
> 玄奘，原姓陈，名祎，玄奘是他的法名。他在 11 岁时就能诵读佛经，13 岁时正式在洛阳出家，之后在全国各地遍访名师，刻苦研读佛学。18 岁时，他在佛教界小有名气，因为精通佛教圣典中之经、律、论，有时也被称为三藏法师。

玄奘法师在西行过程中遇到了无数困难。当时与玄奘同行的是一匹老马，当他们进入一望无际的沙漠后，玄奘不小心打翻了水袋，水全洒了。在沙漠中没有水是非常可怕的事情，但是玄奘没有回头，仍然一路前行，终于在第五天找到了

哇！原来是这样

孙悟空是我们熟悉的神话人物，他保护唐僧一路向西，最后到达西天、取得真经。其实，孙悟空的原型是一位学问渊博、文质彬彬的秀才，南宋《大唐三藏取经诗话》一书中出现的"白衣秀才猴行者"应该是孙悟空最早的形象。到了元代，受到一些元杂剧的影响，孙悟空由"人"变成了一个"泼猴"，身上充满着妖性，背着师父做了很多坏事。直到吴承恩的笔下，孙悟空才又由一个"猴"变成"人"，具有猴的色彩和人的思想，有勇有谋，还有理想。

水源，才算死里逃生。他历经千辛万苦，到达天竺那烂陀寺，拜戒贤法师为师。玄奘在那烂陀寺学习了5年，成为寺庙十大法师之一。后来，他又走遍印度，同学者们展开辩论，但是没有人能够驳倒他，因而声名传遍天竺。

643年玄奘携带佛经、佛像、花果种子回国，唐太宗派宰相房玄龄前去迎接。玄奘回到长安后住在弘福寺翻译佛经，19年间共译经75部、1335卷。他还和弟子一起编写了《大唐西域记》。在这本书里，他把亲自到过的100多个国家的地理情况、风俗习惯记载下来。这本书成为研究中外交流史的珍贵文献。玄奘西行之后，唐朝与印度继续友好往来。后来王玄策又出使印度，学会了熬糖法，制作出类似于今天的块状糖，提高了唐朝蔗糖的产量。

2. 鉴真东渡传法

唐朝时，有一位僧人曾六次东渡日本，他就是鉴真法师。玄奘法师西行天竺为求取真经，鉴真法师东渡日本则是为了弘扬佛法。当时日本佛教戒律不完备，僧人不能受戒，长屋王一心向佛，于是做了1000件袈裟，并绣上"山川异域，风月同天，寄诸佛子，共结来缘"16个字。日本使者带着这些袈裟，漂洋过海来到唐朝。长屋王对佛教的虔诚和热爱影响了鉴真法师。他接受了日本僧人荣叡（ruì）等人邀请，前往日本传授戒律。

鉴真法师先后六次东渡日本。前四次因为地方官员的阻拦和海上风暴，都没有成功。第五次，船只刚刚驶出长江口就遇到大风浪，船失去了控制，随风漂流。此时船上淡水早已用完，食物难以下咽，人们严重晕船，在海上漂泊14天后，终于看到了陆地。上岸后一看，原来他们到了海南岛。在返回扬州的途中，弟子祥彦和荣叡相继去世。鉴真法师因为伤心过度，患了眼疾，加上南方炎热，没有得到及时医治，导致双目失明，第五次东渡又失败了。

在双目失明的情况下，鉴真仍然坚持东渡，第六次终于成功。鉴真到达日本后，在奈良东大寺设立戒坛，为日本僧人授戒，后来又仿照扬州母寺在奈良建立唐招提寺。鉴真虽然双目失明，但是他用耳听的方式帮助日本僧人校正佛经的错误，又用鼻闻的方式为日本医药界修正了医典，被日本人民奉为医药始祖。除此之外，日本的饮食业、酿造业也把鉴真看作本行业的鼻祖。鉴真法师在日本生活了10年，76岁去世。弟子们用干漆夹苎（zhù）法[1]为鉴真铸造了等身塑像，1000多年来，鉴真一直受到日本人民的景仰。1980年，中日两国团体为了增进两国的友谊，曾将鉴真的干漆坐像送回北京、扬州两地供人们瞻礼。

六、杨贵妃应该为唐朝的衰落负责吗？

1. 春宵苦短日高起，从此君王不早朝

一说到唐朝的衰落，就会提到杨贵妃，就连诗人白居易都写道："春宵苦短日高起，从此君王不早朝……后宫佳丽三千人，三千宠爱在一身。"很多人认为唐朝的衰落是因为杨贵妃。

历史上的王朝兴衰有着复杂的原因，把衰落责任全推到一个女人身上是很不负责的。正如鲁迅在《且介亭杂文·阿金》中所言："我一向不相信昭君出塞会安汉，木兰从军就可以保障；也不信妲己亡殷，西施沼吴，杨妃乱唐的那些古老话。我以为在男权社会里，女性是决不会有这种大力量的，兴亡的责任，都应该男的负。但向来的男性的作者，大抵将败亡的大罪，推在女性身上，这真是一钱不值的没有出息的男人。"

唐玄宗统治前期，虽然出现了开元盛世的局面，但那是"依贞观行事"，也就是说在"贞观之治"的轨道上继续滑行。唐玄宗虽然多才多艺，但是政治素质远不如唐太宗，不知"守成难"，更没有慎终如始[2]的忧患意识。

天宝年间，唐玄宗宠爱杨贵妃，不理朝政，此外，更是任用奸臣李林甫和杨国忠为相。李林甫品行不佳，却机灵乖巧，善于钻营，靠谄媚唐玄宗的宠妃武惠妃而爬上了高位。在担任宰相期间，对于威胁到他权力的官员，他都想尽办法除掉。他表面和善，暗中却搞阴谋陷害，"口蜜腹剑"这个成语就是形容李林甫的。在他的排挤下，张九龄、李适之等正直的大臣先后离开朝廷。李林甫任宰相19年，助长了唐玄宗的昏庸。李林甫死后，杨贵妃的族兄杨国忠为相。这是一个与

---

[1] 一种外表装饰和保护的独特汉族传统工艺，整个制作过程全是手工操作。选材精良，用料讲究，制作程序严谨，包含着丰富的科学内涵。成品综合体现出雕塑、彩绘、金装的艺术魅力。
[2] 出自《老子》，意思是谨慎收尾，如同开始时一样。指始终要谨慎从事。

李林甫一样的不学无术的人。他身兼40余职，权倾天下，终于引起公愤。

2. 渔阳鼙（pí）鼓动地来，惊破霓裳羽衣曲

为了抵御外来强敌，保障边疆安全，当时的唐朝政府在边境设置军镇，军镇将领称节度使。边境的节度使不仅拥有强大的军权，而且把持财权。边境军队人数不断增加，大大超过了中央军队数量，形成了"外重内轻"的局面。其中安禄山一人就领范阳、平卢、河东三镇节度使，他控制的军队接近全国兵力的一半。

安禄山表面忠厚，实则狡诈，他利用河北地区民族杂居、情况复杂而自己又熟悉当地情况的便利条件，骗得了唐玄宗的信任，从而控制了北方边境。在任节度使期间，安禄山秘密扩军，囤积粮草，炼造武器，准备反叛。755年，他借口朝廷出现奸臣，讨伐杨国忠，和部将史思明一起发动叛乱，史称"安史之乱"。叛军只用了短短三四十天的时间，就从范阳打到洛阳，东都洛阳遭受到100多年来未有的浩劫。很快，叛军就攻破潼关，唐玄宗慌忙带着杨贵妃、杨国忠逃向四川。走到马嵬驿（yì）这个地方时，御林军的士兵们想到杨国忠的所作所为，一气之下杀死了他，又害怕杨玉环借此为难自己，于是请求唐玄宗赐死杨贵妃。最后，杨贵妃死在马嵬驿。唐玄宗继续西逃，这时叛军内部也发生分裂——安禄山因为和儿子安庆绪发生权力之争，被安庆绪杀死。随后，史思明又杀了安庆绪。761年，史思明也被其子史朝义杀死。叛军的内讧给了唐军喘息时间，大将郭子仪、李光弼向回纥借兵，很快就收复了长安和洛阳。763年，唐朝彻底打败了叛军，持续8年的安史之乱最终结束。

安史之乱成为唐朝由盛转衰的转折点。这场战乱发生在黄河流域，导致田地荒芜，百姓流离失所，人口急剧下降。朝廷所能征收的赋税也随之骤减，唐朝的经济一落千丈。

安史之乱并没有使唐朝灭亡。大概又过了100多年，黄巢领导农民起义。黄巢起义虽然被镇压下去，但是唐王朝已经名存实亡。在镇压

> **头脑风暴**
>
> 清代史学家赵翼在《唐女祸》中写道："开元之治，几于家给人足，而一杨贵妃足以败之。"
>
> 赵翼认为唐朝由盛转衰的原因是什么？你是否认可他的观点？为什么？

农民起义的过程中,各地节度使互相争夺土地,扩大自己的范围,其中最强大的是节度使朱温。907年,朱温逼迫唐哀帝禅让皇位,改国号为梁。自此,统治中国将近300年的唐朝灭亡了。

唐朝灭亡后,北方黄河流域先后出现后梁、后唐、后晋、后汉、后周五个政权,南方地区出现吴、南唐等九个政权,再加上北方割据太原的北汉,中国历史进入五代十国时期。

参考文献

[1] 曹大卫,商传,王和,等. 中国大通史·隋唐五代 [M]. 北京:学苑出版社,2018.

[2] 白寿彝. 中国通史·第六卷 [M]. 上海:上海人民出版社,1999.

[3] 袁行霈,严文明,张传玺,等. 中华文明史·第三卷 [M]. 北京:北京大学出版社,2006.

[4] 张岂之. 中国历史·隋唐辽宋金卷 [M]. 北京:高等教育出版社,2001.

[5] 曹余章. 上下五千年(三)[M]. 上海:少年儿童出版社,1980.

[6] 曹余章. 上下五千年(四)[M]. 上海:少年儿童出版社,1981.

[7] 刘义庆. 世说新语全译 [M]. 柳士镇,刘开骅,译注. 贵阳:贵州人民出版社,1996.

[8] 胡乔木,姜椿芳,梅益. 中国大百科全书·中国历史 [M]. 北京:中国大百科全书出版社,1993.

[9] 朱云瑛. 隋炀帝与扬州 [J]. 档案与建设,2014(11):59-63.

[10] 范爱萍. 隋炀帝与江南 [J]. 文史春秋,2015(5):60-63.

[11] 陈金凤,段少京. 隋炀帝与江南 [J]. 海南师范学院学报(社会科学版),2004(1):64-68.

[12] 吴玉佳,马文艳,贺如玉,等. 扬州古诗词中关于琼花意象的研究 [J]. 教育现代化,2017(4):312-314.

[13] 袁刚. 隋炀帝开运河为巡游史事辨析 [J]. 北京理工大学学报(社会科学版),2001(5):11-18.

[14] 刘莉. 隋炀帝故事的文本演变与文化内涵 [D]. 天津:南开大学,2013.

[15] 高建新. 唐太宗与"昭陵六骏"[N]. 学习时报, 2017-09-11.

[16] 徐佳. 昭陵六骏与大唐气象[J]. 中国纪检监察报, 2017 (7-24): 5.

[17] 冰星. 话说昭陵六骏[J]. 陕西审计, 1998 (6): 42-43.

[18] 贾云. 尉迟敬德的历史地位及其影响[J]. 乾陵文化研究, 2012: 235-243.

[19] 舒哲. 凌烟阁24功臣[J]. 文史天地, 2007 (6): 42-45.

第五章

民族关系发展和元朝统一

第一节　政权并立与元朝统一

许多文人雅士、专家学者对宋朝流露出向往之情。著名历史学家陈寅恪评价宋朝说："华夏民族之文化，历数千载之演进，造极于赵宋之世。"英国科学家李约瑟在谈到宋代时也曾说："谈到11世纪，我们犹如来到最伟大的时期。"当代作家余秋雨坦言："我最向往的朝代是宋朝。"在我们的印象中，宋朝不是"积贫积弱"的吗？为什么这些博学鸿儒会几乎一致地赞美宋朝、向往宋朝呢？

一、宋朝为何不杀士大夫？

1. 陈桥兵变，黄袍加身

959年，后周皇帝周世宗在北伐契丹途中染病驾崩。太子柴宗训继位，史称后周恭帝。960年正月初一，前方传来战报，称北汉勾结辽兵进犯后周。情急之下，符太后召见宰相范质，令其紧急召开御前会议，商议御敌事宜。讨论的结果认为，殿前都点检①赵匡胤（yìn）是最合适的人选。虽然当时一直流传有"点检作天子"的谋反传闻，然而赵匡胤没有受到影响，一直有条不紊地部署出征计划。

据记载，赵匡胤于三月初

人物小史

赵匡胤，涿州人，后周岳州防御使赵弘殷之子。早年，他从军于周太祖郭威帐下，后数次从周世宗破北汉、征南唐，皆有战功。赵匡胤负责由皇帝直接控制的最精锐的禁军部队的选拔和组建工作，后升任殿前都点检。陈桥兵变后，赵匡胤成为北宋的开国皇帝，大刀阔斧地进行了改革。

---

① 官名，皇帝殿前侍卫的首领。

三带兵出发，行至陈桥驿时，军队发生哗变。那一夜，赵匡胤喝得大醉。次日清晨，醉梦中的赵匡胤被窗外的喊声惊起，赶紧起身，谁料刚一出门，手下几个亲信就将一件黄袍披在他身上。赵匡胤还没反应过来，眼前已经跪倒一大片，山呼万岁。

由于赵匡胤曾任归德军节度使[①]，治所在宋州（位于宋城县，今河南省商丘市）。所以，他班师回朝、自立新政后，便取"宋"为国号，定都东京（今河南省开封市）。后来北宋灭亡，宋高宗赵构把朝廷迁到了杭州，但是南宋从来没把杭州定为都城，只称为"行在"，意思是"皇帝的临时所在"。与之相比，开封在北，故后世史家称之为"北宋"，开国皇帝赵匡胤为宋太祖。

据部分学者考证，从北汉进犯到黄袍加身，这一系列事件很可能是赵匡胤精心策划的一场政治阴谋。不然，为什么一改朝换代，北境危机就解除了？为什么偏偏那夜，一贯严谨的赵匡胤醉成了一摊烂泥？为什么军中敢私藏黄袍？……如果我们翻阅史料留下来的蛛丝马迹，并把这些内容拼叠在一起，我们就能大概推测出：这场兵变是在赵匡胤与其谋士的精心策划下一步一步地进行的。史载赵匡胤在接到出征命令后，将亲信留在身边，却将队伍里的不稳定人员调遣在外；同时，他还把全家人送进一个名叫定力院的寺庙藏经楼，以防不测。如此看来，对这场兵变，赵匡胤很可能不但知情，而且进行了周密的部署。他一步一步走向政治舞台的中心，全部计划展现了他的"戏精"[②]属性。

2. 杯酒释兵权

赵匡胤登基不久，地方上还出现过一些小叛乱。他认为五代时期频频出现的割据现象如今依旧有抬头的可能，担心乱局的恶性循环在自己手上还没有根绝。于是一天晚上，他冒雪敲开了赵普[③]家的大门，问赵普："唐之后的五代十国，国家政权八易其姓，这么多年的混乱局面，究竟是什么原因呢？该怎么办才好？"赵普说："只要约束地方的势力，同时由中央牢牢把握军权就行了。"

赵匡胤与赵普的想法不谋而合，四个月之后，便发生了著名的"杯酒释兵

---

① 节度使是集军政大权于一身的地方大吏，职权相当于现在的省委书记、省长和军区司令三职。
② 网络流行语，形容某人善于给自己"加戏"来博得大家的关注。
③ 北宋开国功臣，宋太祖赵匡胤的幕僚。

权"事件。一天，赵普提醒赵匡胤要提防在禁军中执掌实权的石守信、王审琦等人。赵匡胤说："他们都是我的兄弟，难道也会造反吗？"赵普回答："这两个人也许不会造反，可是万一他们管不住自己的下属，被有心人利用而身不由己呢？"

听完这番解释，赵匡胤哈哈大笑："宰相多虑了。这两个人久经沙场，底下几个兵嘛，还是管得住的。再说了，我这么器重他们，他们怎么会背弃我呢？"赵匡胤话音刚落，赵普却冷冷地说："您难道不知道周世宗吗？周世宗的手下，他能管得住吗？周世宗也器重自己的手下，结果怎么样呢？"

一听这话，赵匡胤的表情有些不自在了，心想："你这含沙射影谁呢？唉，话虽不好听，但也不是没有道理啊！"于是赵匡胤立刻听从了赵普的建议。赵匡胤找来了石守信、王审琦一起吃饭，酒席上，他同他们也聊起了自己的烦心事："我和各位都是同生共死的好兄弟，我可从没有怀疑过你们啊。你们虽然没有异心，可要是你们的部下也把黄袍披在你们身上，你们也为难啊！这么多年过去了，那群文人天天在我耳边叨叨，说得我头都大了。要不然这样，你们选一个风水宝地，解甲归田，多买良田美宅，为子孙置下永久产业；地方的赋税收入，也足够你们颐养天年了！除此之外，咱们再结为儿女亲家，诸位就是荣耀的皇亲国戚了。这样一来，咱们君臣再不用猜疑，如何？"

众将都是明白人，话说到这份上，也无须再明示了。第二天，石守信等人纷纷称病辞职；宋太祖把他们调往外地为官，将禁军兵权牢牢掌握在自己的手里。

3. 重文轻武，完成统一

在评书中，我们经常会听到"书中自有颜如玉，书中自有黄金屋"的说法，旨在强调书籍包罗万象、价值丰富，读书人志趣高雅、前途无量。这种说法源自宋真宗赵恒的《劝学诗》："富家不用买良田，书中自有千钟粟。安居不用架高堂，书中自有黄金屋。娶妻莫恨无良媒，书中自有颜如玉。出门莫恨无人随，书中车马多如簇。男儿欲遂平生志，六经勤向窗前读。"在宋代，读书从政之路的确能带来许多实际的好处，这离不开统治者对文人的重视；而"重文轻武"这一政治传统，从赵匡胤开始就被奉为祖宗之法。

宋太祖本人虽是行伍出身，却十分喜爱读书。早年他随周世宗远征淮南，返回京城时带回几个大箱子，有人举报他搜刮金银珠宝准备叛逃。周世宗十分生气，派人搜查，结果箱内全是书籍。殿前侍卫首领出身的赵匡胤深知武将专政的危险，决心用文人管理天下，倡导重文轻武。他认为就算读书人再昏庸再混账，再贪赃枉法，造成的祸害也不及一介武夫。同时，他教育手下的武将也要读书学习："今之武臣，亦当使其读经书，欲其知为治之道也。"

消除了来自政权内部武将政变的威胁，赵匡胤开始琢磨扩展宋朝的地盘了。又一个飞雪之夜，赵匡胤和弟弟赵光义（日后的宋太宗，宋朝第二位皇帝）再次敲开了赵普的家门。

当时宋太祖继承后周政权的国土只有黄河中下游地区和淮河流域各地，更广

往事钩沉

关于赵匡胤，历史上还有两个成语——"金匮之盟"和"烛影斧声"。

赵匡胤活了50岁，死后由他弟弟赵光义继位。有宋朝史料载，杜太后（赵匡胤、赵光义的生母）病重，太祖赵匡胤在旁侍疾，杜太后临终时召赵普入宫记录遗言，交代未来的皇位继承问题，劝说太祖赵匡胤死后传位于其弟。这份遗书藏于金匮（通柜）之中，因此名为"金匮之盟"。

历史上还有一种说法，赵匡胤是被他弟弟赵光义谋害而死的。"烛影斧声"的最早记载见于宋朝的《续湘山野录》，说赵匡胤驾崩前夜，曾招赵光义进宫议事饮酒，并遣散宫人。外人只能看到烛光之下的影子，听到赵匡胤手持斧柄戳地的声音……到了三更时分，宋太祖睡去，鼾声如雷，赵光义也留宿在宫中；五更的时候，宋太祖就去世了。之后，赵光义就在宋太祖的灵柩之前继位为宋太宗。这个记载，提供了一个很大的疑问：是不是赵光义谋害了宋太祖？宋太祖死前的"烛影斧声"留给后人一个千古谜案：有人说赵匡胤死于谋杀，有人说赵匡胤死于常年饮酒过度或突发脑溢血。

时间之河奔流不息，1000多年后的今天，这位宋朝开国皇帝的死因依然存在争议；但不可否认，赵匡胤用他的卓越智慧和超人胆识终结了乱世，给天下百姓带来了久久期盼的和平，开启了一个新的王朝。

衷的国土还被五代十国的残余政权所占据。卧榻之侧，岂容他人酣（hān）眠？北汉背后有契丹支持，一直与宋为敌。若先进攻北汉，宋的北境就跟契丹全面接壤了。契丹此时兵强马壮，又占据幽云十六州的地利，若正面交锋，胜负难测。于是，赵普提出一个"先南后北"统一全国的策略，这与赵匡胤的想法一拍即合。从963年正月起，赵匡胤开始落实他统一中原的雄伟计划，先后消灭荆南、湖南、后蜀、南汉、南唐，用13年的时间基本结束了五代十国的分裂割据局面，除吴越、北汉外，大体实现了国家统一。

二、"澶（chán）渊之盟"是怎么一回事？

宋太宗死后，宋真宗继位。1004年，辽朝萧太后、辽圣宗耶律隆绪率大军发动对宋朝的进攻，直取澶州（今河南省濮阳市），威胁东京。面对辽军的大举进攻，宋真宗急忙召集大臣们商议抗敌之事。这时大多数朝臣因惧怕辽军，纷纷劝说宋真宗迁都：副宰相王钦若是江南人，他劝说宋真宗迁往金陵（今江苏省南京市），另一位大臣陈尧叟（sǒu）是四川人，他劝说宋真宗迁往成都，一时间朝廷内部人心惶惶。对于是应战还是迁都，宋真宗自己也拿不定主意。就在这个时候，宰相寇准站了出来，强烈要求反击辽军。听了寇准的坚决主张，宋真宗决心亲征以振奋军心、鼓舞士气。1004年11月，宋真宗到达澶州北城。这里可是北宋都城开封的北面门户，也是最后可倚仗的了，如果澶州失守，开封可就危险了！看到皇帝亲临前线，宋朝军队士气大振。萧太后知道辽军不可能一举消灭宋朝，有心求和，宋真宗也趁着这个机会派曹利用到辽营议和。

曹利用在出使辽军前，问宋真宗能给辽朝的银绢数。宋真宗说："尽量少点，如果实在不行，100万也可以。"曹利用从宋真宗的大帐走出来，碰到了寇准。寇准告诫曹利用："虽然皇帝说可以赔偿100万，但是如果超过30万，我就杀了你。"不久曹利用谈判回来，一进大帐遇上宋真宗正在吃饭。宋真宗放下碗筷问道："谈下来没有？"曹利用说："谈下来了。"宋真宗急忙问："多少钱？"曹利用看到两边有人，就伸出三根手指。宋真宗以为是300万两白银，吓了一大跳，心里说："这么多钱？"再想想："300万就300万吧，只要辽军撤退就行。"后来听曹利用说是30万时，宋真宗高兴得跳了起来。

这个条约是在澶州城内的澶水旁签订的，史称澶渊之盟。澶渊之盟的誓书规定：宋辽双方约为兄弟之国，辽圣宗年幼，故宋为兄，辽为弟；宋每年送给辽岁币银10万两、绢20万匹，宋辽以白沟河（海河支流大清河的北支下段）为界；边境开设榷（què）场①，进行互市贸易。

　　澶渊之盟后，宋辽边界安宁了百年之久。北宋的茶、瓷器、漆器等商品源源不断地输入辽方，辽方的盐、玉器也大批出现于北宋的集市上。此后的很长时间，辽宋之间保持着和平局面。

现实直通车

　　现在的人们很难将北京房山区的云居寺与黄河岸边的澶州城联系起来。云居寺曾是辽朝的实际控制区，里面收藏着大量的石刻佛经。

　　澶渊之盟后，辽朝文教昌兴的标志性事件，就是将因为战争中断的云居寺石经重加刊刻。辽圣宗续修石经，实际上得益于澶渊之盟后的偃武修文政策，此举促进了北方民族文化的发展与交融。因为宋辽交往频繁，辽道宗甚至在开泰寺所铸的银佛上刻下了"愿后世生中国"字样。辽朝也加快了借鉴宋朝制度、吸收汉族文明的步伐。在我们熟悉的北京城内，还有不少辽代的遗迹，你还知道哪些呢？

思维引领

　　今天北京市西直门外南长河，在古时曾是高梁河河道，宋辽两军曾在此激战。

　　辽实行五京制，其中辽南京（今北京市）最为繁华，城垣范围大约东至烂缦胡同，西至莲花河（古称洗马沟）一段，北至头发胡同，南至白纸坊东西街一带。北京市西二环外建有辽代的天宁寺塔。

---

① 辽宋夏金元时期在民族政权交界地区所设的互市市场。

三、开源还是节流？

1067 年，宋神宗继位。宋神宗发现一方面朝廷财政压力颇大，冗官、冗兵、冗费①数目庞大，财政入不敷出；另一方面国家虽有百万之兵，却频遭外敌入侵。这一切与宋神宗的期望实在是差得太远了，堂堂大宋怎么会变得如此积贫积弱呢？为了改变现状，宋神宗把目光转向了仁宗朝曾上过万字言事书、主张变法的王安石。由于宋仁宗一朝政风相对保守，王安石的主张并没有得到皇帝的重视。

王安石的性格比较固执，他有一个外号叫"拗相公"。他因为皇上不欣赏他的变法理念，便不愿入仕。这一次宋神宗再次下诏，任命王安石为翰林学士。宋神宗见到王安石，问其治国策略。王安石告诉宋神宗，目前国家财政状况不好，所以要以善于理财之人力促进富国强兵。怎么理财呢？王安石的想法是先发展生产，增进税收，充实国库，再以天下财富供给国家开支。

王安石是北宋政治家、文学家、思想家、改革家，早年在地方任职时就政绩显著。他发现：在一年当中，春天是农民最难熬的季节，这个时候青黄不接，口粮和种粮的供应都跟不上；家有余粮的富户便瞅准了这一机会，以很高的利息借钱、借粮给普通的农民。王安石在地方任职期间，曾在春种期间将官府粮仓的粮食借给农民，待秋收之后，再由农民把粮食还给官府并支付少量的利息。这样既能缓解农民的缺粮问题，又能维持正常的农业生产；这一借一还，还能使官仓里的粮食不断更新，官府收入增加。这就是"青苗法"。

然而，王安石的改革思路遭到了司马光②的抵制。司马光认为天下物产总有一个定数，不在民，便在官；王安石所谓的"理财"，只不过是在剥削百姓罢了。可以看出，司马光反对聚敛，认为国家不能与民争利，这与王安石以富国为目的的主张恰恰相左。

事实证明，王安石新法在推行过程中确实取得了不小成效。后世评价，王安石对经济的理解已经接近现代经济学的观点，出现了利用金融信贷刺激经济发展的思想雏形。但是，可能他的思想过于超前，在价值观的层面远远超出了当时社

---

① 即多余的官员，多余的官兵，多余的经费。
② 北宋政治家、史学家、文学家，因反对王安石变法，离开朝廷 15 年，主持编纂了编年体通史《资治通鉴》。

会可接受的限度。此外，王安石本人很清廉，所以在他任职的小范围内政策贯彻落实得很好。但"青苗法"一旦向全国推行，就难免有人会钻空子、乱抬息，有些官员把这项利民政策变成了朝廷强制摊派，一时间变法大失民心，百姓怨声载道。明代冯梦龙编撰的小说集《警世通言》中，有一篇《拗相公饮恨半山堂》的故事就在一定程度上反映了老百姓对王安石变法的不满和怨愤。

当然，历史是复杂的，我们对历史人物的评价要坚持唯物史观，要客观全面，一分为二。

四、中国历史上第一个由少数民族贵族为主建立的全国性统一王朝

1. 成吉思汗建立蒙古政权

12世纪，"蒙古"还不是一个民族的称谓，而是一个弱小的草原部落名称。蒙古部最初居住在今额尔古纳河之东的兴安岭，大约9～10世纪，他们迁徙到鄂嫩河中上游和肯特山一带，繁衍生息，后来由于部落人口逐渐增多，就出现了乞颜部、泰赤乌部等许多支系小部落。

1162年，蒙古乞颜部贵族也速该的家中诞生了一个男孩，他就是铁木真。铁木真出生时，他的父亲也速该恰巧刚刚打败草原上的仇敌塔塔儿部落，还俘获了一个叫铁木真兀格的塔塔尔人。也速该立刻命人杀死了这个俘虏，并给刚出生的儿子取名铁木真。这是当时草原上的一种习俗。

铁木真9岁时，父亲也速该带他去母舅的弘吉剌部求亲。在那里他们遇到弘吉剌人特薛禅。特薛禅看到小铁木真相貌不凡，就决定把自己的女儿孛儿帖许配给他。按照草原习俗，定亲后铁木真要留在岳父家干一年活，以报答岳父一家的养女之恩。父亲也速该留下彩礼后就独自返回，途中，在经过塔塔儿人营地赴宴时被认出。塔塔儿人想起了昔日头领被也速该杀死的事情，就暗中在食物里下了毒。也速该吃完有毒食物回家后身亡。他在临终前还不忘叮嘱家里人速叫铁木真回来。也速该的意外去世令与乞颜部争夺汗位的同族泰赤乌部贵族非常高兴，他们趁机削弱乞颜部势力，煽动也速该的人投奔自己。铁木真一家陷入困顿，母亲只能带着铁木真的弟弟、妹妹来到肯特山下，艰难生活。

铁木真长大后，草原上的敌对势力担心他会替父报仇，成为后患，于是派人前来捉拿。铁木真几次遇险，靠着自己的机智和好心人的救助，才摆脱了敌对部落的追杀。不久，他到特薛禅家里迎娶了妻子孛儿帖。为了打败泰赤乌人，铁木真想起克烈部首领王罕过去是父亲的好朋友，于是带着昂贵的礼物拜访王罕，尊他为父，请求他出兵给予帮助。王罕非常高兴，立刻认铁木真为义子，并且愿意帮助他。铁木真经过几十年的艰苦奋斗，终于打败了草原上的各个部落，统一了蒙古高原。

> **史海泛舟**
>
> 成吉思汗陵，简称成陵，位于今天的内蒙古自治区鄂尔多斯市伊金霍洛旗草原。不过成陵只是成吉思汗的一个衣冠冢，里面有一张成吉思汗的画像和一羽驼毛。据说，那幅成吉思汗的画像与广为流传的成吉思汗画像完全不同；一羽驼毛，据说附有成吉思汗最后一口气。古代蒙古人有着独特的丧葬习俗，《黑鞑事略》记载"其墓无冢，以马践蹂，使平如平地"，这与他们信仰原始萨满教有关。至于成吉思汗的真身下葬之处，至今还是谜。目前一个很流行的说法：在成吉思汗下葬后，土被回填，然后被万马踏平，直到来年荒草再长出来为止。这也是成吉思汗真身墓葬难以发现的原因所在。

1206年春，在蒙古高原的鄂嫩河源头，铁木真树起九斿白纛（dào），召集亲属和各部贵族，举行大聚会。与会者共同推举他为大汗，尊称其为成吉思汗。"成吉思"的原意究竟是什么，历来众说纷纭，绝大多数人认为是"海洋"的意思。成吉思汗建立了"也可·蒙古·兀鲁思"，即大蒙古国。

2. 元朝的建立与统一

1251年，蒙哥就任蒙古可（kè）汗[①]（hán）。蒙哥是成吉思汗嫡四子拖雷的嫡长

---

① 古代北方一些游牧民族最高统治者的称号。

子，即元太祖成吉思汗的孙子。他的四弟就是后来的元世祖忽必烈。蒙哥在位时发动了进攻南宋的战争，四弟忽必烈也一同出征。武汉古称鄂州，地处中国腹地中心，长江和汉水在此交汇，承东启西，接南转北，历来有九省通衢（qú）之称。1259年，忽必烈率蒙古军包围了鄂州，南宋朝野大震，临安城内人心惶惶。鄂州一旦失守，南宋将失去最后一道屏障。恰在此时，蒙哥在前线去世，忽必烈急于回草原争夺汗位，因此暂时接受了南宋乞和的要求。忽必烈打败弟弟阿里不哥继承汗位后，于1271年改国号为"大元"，建立元朝。所以他既是大蒙古国第五任可汗，也是元朝的开国皇帝"元世祖"。

1279年，元军分南北两路向崖山发起总攻，宋军大败，左丞相陆秀夫背起宋朝最后一位皇帝赵昺（bǐng）投海，之后随行的10多万居民亦相继跳海。元灭南宋，完成了全国的统一，结束了我国历史上较长时期的分裂割据局面，为统一多民族国家的进一步发展奠定了基础。

第二节　宋朝百姓的多彩生活

宋朝时期，各民族之间的交往十分频繁，这就为民众带来了许多好玩儿的东西。宋朝的农业高度发达，充足的粮食能够养活更多的人口，大量富余的人口进入城市，促进了娱乐产业的发展。在这一节里，我们一起回到宋元时期，看一看人们都喜欢去哪儿玩、玩些什么、在什么时候玩儿得最"嗨"吧。

一、宋朝百姓去哪儿玩？

1. 烟火人间，百姓交易

在宋朝以前，中国古代城市实行的是市坊分区制度。"市"是商业区，"坊"是居住区，市坊分区制度是将二者完全分开的一种封闭式管理模式。无论提供衣食起居的"坊"，还是做生意的"市"，四周都建有围墙，像棋盘上的方格一样，被规划得整整齐齐。住在这样的城市里，想要买东西或者下个馆子，不仅需要前往距离住地很远的商业区，还要严格遵守时间限制。《唐律疏议》记载，每天晚上闭门鼓响过，百姓如果还在街上闲逛，被巡街的官兵抓住轻则挨一顿鞭子，重则会被杖杀。到了宋朝，情况就大不相同了。市坊界限被打破，人们可以在居住地附近购买想要的物品，这样一来，在人口较为密集的地方，就出现了热闹的集市。一些便捷的交通大道便逐渐发展成一条条成熟的商业街，相对而言人们可以随时随地购买自己需要的东西。当时，出现了很多著名的商业街——皇宫正门口的御街、舟桥两侧的各种市集、北宋的相国寺大街都是人头攒动的繁华商业街。

我们先去逛一逛御街吧。在北宋东京，从内城皇宫宣德门出来便是御街。这条街的宽度有二百步[①]，两边有御廊。政府曾允许百姓在御廊内做买卖。后来，所有的买卖被禁止，这段大街就成了国家举行元旦和元宵节庆典的专门场地。

接下来，我们再来逛一逛州桥东西两侧的商业街：州桥的东侧有鱼市、肉

---

① 一步大概是 1.3 米。

市、金银铺、彩帛铺、漆器铺，琳琅满目；西侧有珠子铺、果子行等，五颜六色，光怪陆离。除此之外，这里还有马行街、牛行街、东华门大街等专门市场和繁华街市。东华门外的集市最为热闹兴盛，宫中的采买都在这里进行。宫内所有日常所需的饮食、时新花果、鱼虾鳖蟹以及金银玉器、珍宝古玩和各种服装等，在这里都可以买到。

在宋朝，就连号称佛门清净地的寺院，也变成了热闹非凡的"淘宝市场"。《东京梦华录》里专门回忆了大相国寺里的万姓交易，即开在皇家寺庙里的商贸中心。相国寺位于城市东南部，每月开放五次，为百姓提供摆摊设点的场地。相国寺的各个区域售卖的东西各不相同：在寺院的大门前，售卖的是珍禽奇兽；第二和第三道门附近类似今天的跳蚤市场，人们买卖的都是日常物品。佛殿两边的走廊是各寺院的师姑卖绣作、领抹、花朵、珠翠、头面等的铺位。佛殿后面的姿圣门前，是买卖书籍、古玩、字画的集市，各地卸任官员也会在那里贩卖土特产和香料、药材。后廊是占卜算卦所用的货术、传神的铺位。词人李清照的丈夫赵明诚在太学读书时，就是大相国寺的常客。根据李清照的回忆，每月初一和十五的时候，赵明诚都会向老师请假，带上靠典当衣服得到的 500 钱走进相国寺，买拓下来的碑文字帖和水果回家，和李清照一起一边吃水果一边欣赏碑文。

2."文玩"与"武玩"

宋朝百姓的玩，分为"文玩"和"武玩"。"文玩"就是听书看戏，放到现在就是"追剧"。

宋朝人观看表演的地方叫作勾栏瓦舍。勾栏的原意是"栏栅"，汉代用栏杆把表演的露台隔离开，分为表演区和观众席，观众可以随便进入表演区。到了宋代，表演区的露台变成勾栏，成了瓦舍里不同的表演场地。《东京梦华录》记载，北宋瓦舍有 10 多座。南宋时期的瓦舍就更多了，临安城的瓦舍共有 24 座，大约有上百个勾栏，每一个勾栏可以容纳上百甚至数千的观众观看。有学者统计，当年杭州城里每天来勾栏瓦舍观看的人数高达 2 万至 5 万人，一年的观众累计甚至可以高达 2000 万人次。

宋朝人可以追的"剧"有很多。勾栏瓦舍里上演的节目种类繁多，异彩纷呈，主要有讲史、说唱、戏剧、杂技等，其中的讲史就相当于今天的评书，在当时就已经出现了《三国演义》的原型故事，其中还有被大家所熟知的关羽"刮骨疗伤"和"过五关斩六将"。听众喜欢围坐在一起，听说书人讲述关二爷千里走单骑的英勇事迹，感受曹操的狡猾和奸诈。特别是当听到"刮骨疗伤"这一段的时候，无数人都会起立高呼："关二爷乃真英雄也，真是好男子！"另外，瓦舍中最早的戏曲节目是杂剧《目连救母》①，它是瓦舍里多种艺术的融合，曾经创下演出时间最长、观众最多的纪录。

瓦舍里都是终身以演出谋生的职业艺人，一些特别有名的艺人便会拥有众多"粉丝"，开封名妓李师师、丁仙现、王团子、张七圣等经常到瓦舍演出。其中，著名杂剧演员丁仙现是宋代的"喜剧之王"，他精通音律，唱得好，演得活，被世会各界人士追捧，就连皇上都是他的铁杆"粉丝"。

俗话说，生命在于运动。宋朝人的"武玩"当首推蹴（cù）鞠（jū），但是我们可不能说成踢蹴鞠。因为，"蹴"本身就是个动词，意思是"用脚踢"，"鞠"是皮球，"蹴"和"鞠"连在一起就是"用脚踢球"的意思。

蹴鞠有三种比赛形式，分别是直接对抗、间接对抗和白打。直接对抗有点类似今天的足球赛。比赛双方都有像座小房子似的球门；场上队员各12名，双方进行身体直接接触的对抗，踢鞠入对方球门便可以得分，得分多的队伍便赢得比赛。间接对抗比赛则有所不同，参赛的两支队伍各在球场的一侧，中间隔着球门，球门中间有两尺多高的"风流眼"。在保证球不落地的情况下，使皮球穿过风流眼最多的队伍赢得比赛。白打则是一种花样炫技比赛，队员展示各种华丽的动作招式。宋朝人给这些招式起了很多酷炫的名字，比如"转乾坤、燕归巢、斜插花、风摆荷、佛顶珠、旱地拾鱼、金佛推磨、双肩背月、拐子流星"等。

二、宋朝百姓在什么时候玩得最"嗨"？

根据宋人笔记《文昌杂录》的记载，宋代最重要的节日有两个，分别是元日与清明。这两个节日各有七天的假期。于是，爱玩儿的宋朝人便在这两个节日里

---

① 此剧讲述的是佛陀弟子目连拯救亡母出地狱的故事。

开门鼓与关门鼓

唐朝的《宫卫令》规定:每天早上五更三点后,就会擂响四百下"开门鼓"。凡是在"闭门鼓"后、"开门鼓"前在城里大街上无故行走的,就有"犯夜"罪名,要受笞打二十下。只有为了给官府送信之类的公事,或婚丧吉凶以及买药请医的私事,才可以在得到街道巡逻者的同意后行走,但不得出城。

"嗨"翻了天。接下来我们一起来看宋朝人是如何度过这两个重大节日的。

提到元旦,大家可能会感到困惑——元旦不就是公历的1月1日吗?公历不是近代才使用的吗?其实,这里涉及一个历史知识:元旦的本义是"初始之日"。在中国古代,元旦是中国农历新年的第一天,也就是老百姓最重视的"大年初一"。到了近代辛亥革命后,为了革新社会风气,与世界接轨,中华民国使用公历,公历1月1日便成为公历新年第一天,也就是我们现在庆祝的元旦。中华人民共和国成立后,为了区分新旧两个新年,把农历正月初一改称为春节,把公历1月1日定为元旦。

那么宋朝人如何过元旦呢?宋代著名诗人王安石的诗作《元日》给了我们答案。这首诗的第一句是"爆竹声中一岁除",由此可见,宋朝人是在此起彼伏的爆竹声中迎来新的一年的。根据《东京梦华录》的描述,在这一天宫廷也会燃放爆竹,爆竹的声音巨大,排山倒海一般,可以从宫内一直传播到宫外平民百姓的家中。

《元日》的第二句是"春风送暖入屠苏"。屠苏原是一种草。根据唐朝人韩鄂的《岁华纪丽》的记载,晋朝人住在草屋中,每年除夕将药囊丢到井中,到元日取出来放在酒樽中,全家人一起喝了就不怕生病了。屠,指割草的动作。苏,就是腐草。用腐草泡酒,就是屠苏酒。喝屠苏酒的顺序可是有讲究的。一般来说家里聚会的时候,饮酒应该从长者饮起,即年长的人先喝。而饮屠苏酒的顺序却恰恰相反,要从辈分最小的人开始饮起。也就是说,家人齐聚在一起饮屠苏酒的时候，先从年少的小孩开始，而年长的人反而排在最后。所以，宋朝文学家苏辙在《除日》这首诗里就描写过这样一个现象："年年最后饮屠酥，不觉年来七十余。"这里的"屠酥"，同"屠苏"。

《元日》诗的最后两句"千门万户曈（tóng）曈日，总把新桃换旧符"，是对古代春节换新桃符习俗的描写。这里其实是用了语文中常见的互文见义手法，意思是"摘下旧的桃符，换上新的桃符"。桃符源于一个美丽的传说：相传有一个叫作鬼蜮（yù）的地方，里面有一座桃都山，山上有一棵树冠直径达3000里的大桃树，桃树上住着一只金鸡，每天太阳出来的时候，金鸡就会啼鸣。夜晚游荡的鬼魂必须在鸡鸣前赶回鬼蜮。鬼蜮的大门外站着两个神人，叫神荼（tú）和郁垒，他们削似负责神察鬼魂出入。如果鬼魂在阳间干了坏事，神荼和郁垒这两位大神就能立即发现并将其捉住，所以鬼魂们都非常惧怕他们。于是老百姓就用桃木板刻成神荼和郁垒的模样，放在自家门口，借以驱邪避害。后来人们干脆在桃木板上刻上神荼和郁垒的名字，认为这样做同样可以驱邪避害。这种刻有神荼和郁垒名字的桃木板被人们称作桃符，每年更换一次，叫作除旧布新。

清明节是宋朝另一个重要的节日。这一天，宋朝人喜欢用出游的方式释放心情。每年的清明时节前后，也就是农历三月一日至四月八日，宋王朝的一部分皇家林苑也会向市民开放，开封的"金明池"便是宋朝人踏青的首选之地。

金明池开放期间，老百姓可以参加政府举办的博彩游戏——关扑。关扑的游

史海泛舟

《东京梦华录》与《梦粱录》

想了解宋代城市百姓的日常生活，首推《东京梦华录》和《梦粱录》。《东京梦华录》是宋代孟元老的笔记体散记文，全面记述了北宋时期东京（今河南省开封市）的城市布局、民风习俗、时令节日、饮食起居、歌舞百戏等。《梦粱录》是宋代吴自牧所著的笔记，共20卷，系统地介绍了南宋临安（今浙江省杭州市）的城市风貌与百姓习俗。

哇！原来是这样

大家可能会对下面的问题感到困惑：清明节不是扫墓祭祖的日子吗？为什么宋朝人还会在这一天玩得这么"嗨"呢？其实，直至唐宋时期，扫墓祭祖主要是在清明节前的寒食节进行的，这是为了纪念春秋时期的忠臣介子推而设立的节日，人们在这一天禁止生火做饭，只吃冷食。"清明"的本意是"清澈明朗"，清明节最初是二十四节气中的一个重要节气。清明这一天，或是细雨滋润万物，或是春光明媚、莺花如海。唐宋时期的人们常常选择在这个时节举家出游。我们现在过的清明节，实际上融合了寒食节的扫墓祭祖和清明踏青出游的两种习俗。

戏规则很简单：顾客在逛街时看中了某件商品，需要掏出一点钱作为赌注，然后通过掷铜板决定胜负。关扑用来掷的铜板的数量从一个到几个不等，而判断胜负的方式则是以掷出的铜板出现的背面的数量来决定的。如果赢了，顾客就拿走商品；如果输了，那顾客拿出来作为赌注的钱就是商店老板的了。

金明池是一座水池，自然少不了水上游乐项目——水傀儡和龙舟争标赛。它们同时是深受宋朝百姓喜爱的活动。水傀儡就是水上木偶戏。人们在小船上搭出一座小彩楼，小彩楼下面有三个小门，楼的外形就像表演傀儡戏的戏棚。这座楼正对着水面上的乐船。乐船上有一位类似主持人的角色上场，向观众致辞。此时随着音乐声起，小船上彩楼的小门开了，从门中走出一个小木偶人。表演木偶戏的同时，小船上还有一个身穿白衣的人，他的身后有个小童在举桨划船，小船通常会回环旋转数次，钓鱼者和小童对话致辞，音乐声起，钓竿居然真的会钓出一条活蹦乱跳的小鱼，赢得观众的阵阵掌声。

龙舟争标赛就更加精彩了。比赛开始前，一名裁判会登上水殿前的水棚，摆动红旗发出信号。此时，几十艘参赛龙船一起敲响锣鼓，在震天的锣鼓声中驶入赛场中央。所有船只首尾相连，组成一个环形的船阵。所有参赛队员一起划动船桨，使环形不停转动。紧接着，裁判摆动旗帜发出指令，大圆形船阵立刻变为两个小圆形船阵，不停转动。最后，两个环形逐渐变为两列船队，停在水殿的东面。随着裁判员挥动旗帜，两列船队同时敲响震天的锣鼓，船员们在两岸观众激动的呐喊声中齐力划动船桨,将龙舟奋力划向终点。随着第一列船队到达终点,观众和船员们一起迸发出惊天动地的喝彩声,整个金明池瞬间变成了欢乐的海洋。

三、宋朝城市中的百姓深夜能下馆子吗?

到了宋朝,隋唐以来市坊分界的规定逐渐被打破,宵禁慢慢放开。于是,夜市文化在宋朝盛行起来,宋朝人的夜生活开始变得丰富多彩。北宋的汴京、南宋的临安都是有名的不夜城,夜市的店铺甚至会营业到夜里三更(11点到次日凌晨1点);而休息没多久,到了五更(次日凌晨3点到5点)的时候又接着开张,完美地将早市与夜市衔接起来。

在宋朝的夜市中,最著名的当属州桥夜市。我们先来看看这个夜市在哪里吧。根据《东京梦华录》的记载,流经北宋都城的河流叫作汴河。这条河主要负责运输来自东南方向的粮食,是一条漕运要道。在这条河上,从东往西数总共有13座桥,其中第三座桥便是州桥,穿过州桥往南去,就是云集各种美食的州桥夜市。有的店铺出售水饭①。宋朝养生手册《奉亲养老书》记载了水饭的做法:夏天煮一锅米汤,放凉,投入少许热饭,盖上盖儿,第二天再加热一下。有的店

趣闻联播

《清明上河图》中的十千脚店

在《清明上河图》这幅描绘北宋都城汴京的名画中,有一座河边最大的商业建筑——十千脚店。这座脚店坐落于虹桥西的十字路口西北处,门口是一个独立架构的彩楼欢门,体量巨大,上有一面大酒招,上写"新酒"二字。店门口两侧设有杈子,门两边柱子上悬挂有"天之美禄"字样,横头有"稚酒"字样。

---

① 水饭是用熟米和半发酵的米汤配制而成的稀粥,酸酸甜甜的,可以当作饭后的饮料。

铺用文火炖煮肉食，还有的店铺贩卖干脯（肉干）。很多店铺有自己的特色美食，比如：王楼前卖獾儿、野狐、肉脯、鸡等肉食；梅家、鹿家出售鹅鸭鸡兔、肚肺鳝鱼、包子鸡皮、腰肾杂碎，每一份的价格不超过15文①。

除了街边的小吃，宋朝人也爱去高档的酒楼与亲朋好友推杯换盏，畅叙情谊。宋朝的酒楼数目众多，其中最著名的是北宋的樊楼和南宋的太和楼。

北宋的樊楼是汴京的地标性建筑。如果说现在有海景房之说，那么樊楼便是宫景房——登上樊楼的顶楼，放眼望去，整个皇宫便尽收眼底！根据《东京梦华录》的记载，樊楼后来被增修为三层楼，共有五座楼高耸相对，各楼之间有各种飞桥或者通道相连。夜幕降临、华灯初上之时，樊楼的珍珠门帘与锦绣门楣在灯烛下闪耀晃动，形成了一座立体的景观，不亚于今天位于重庆的洪崖洞②。每到正月十五，樊楼还会在每一条瓦垄上放一盏莲花灯，远远望去，整栋楼流光溢彩，美不胜收。

作为北宋时期的百年老店，樊楼几乎汇集了当时能够找到的所有美味佳肴。无论你是无肉不欢的"肉食动物"，还是偏爱羹汤的"养生达人"，这里都可以满足你的味蕾。如果实在不知道吃什么，你可以咨询店里的茶饭量酒博士——酒店内卖下酒菜的厨师。吃美味的饭菜，一定要喝上两杯。樊楼这样的大酒楼一般都有酿酒权。在这里，你可以品尝到上乘佳酿。逢新酒出炉，酒楼还会大做广告。樊楼使用的餐具也十分有牌面，都是贵重的银器。去大饭店吃饭，吃的可是服务。樊楼的服务堪称一流：这里有全程为你提供至尊VIP服务的店小二，他们穿梭于酒桌之间，或是笑脸迎接刚刚进门的顾客，或是为顾客端茶倒水，或是熟练地拿出菜谱，耐心地等待顾客点餐，然后像说唱歌手一样，大声地将菜谱报与厨房。上菜时，传菜人如同杂技演员附体，手中端满碗碟，却能够脚底生风般穿梭于各桌之间。如果店小二的服务不到位，顾客便可以向店老板投诉。被投诉的店小二轻则挨老板一顿臭骂，重则会被炒鱿鱼。

在北宋，像樊楼这样的酒楼一共有72家。到了南宋，都城临安的太和楼有

---

① 宋朝的货币制度下，1两黄金=10两白银=10贯铜钱=10 000文铜钱，用我们现在的货币衡量，15文钱差不多为4.5元。
② 主要景点由吊脚楼、仿古商业街等景观组成。

3000个包房，而且昼夜不停地营业。需要注意的是，酒在宋代是一个非常讲究知识产权的东西，只有豪华的大酒楼才具备酿酒权，这类酒楼被称作正店，比如前文提到的樊楼。而其他一般的酒楼只具备发行权，被称为脚店，它们只能从正店批发酒水，然后售卖给顾客。这些从《清明上河图》的画面中都可以找到。

第三节 改变世界的尖端科技

你知道古人怎样将文字印刷在纸上吗？在 2022 年北京冬奥会上观看"鸟巢"上空的绚丽烟花时，你可曾想过火药发明于何时？在父母利用导航定位系统开车带你出行时，你可曾想过古人在出行时怎样辨别方向？带着这些问题，我们一起来了解宋代那些改变世界的重大科技发明吧！它们可是那个时代的"尖端"科技呢。

一、既有雕版印刷，何生活字印刷？

1. 被逼疯的刻工

唐朝，人们发明了雕版印刷术，在一定程度上解决了手工抄写文字速度慢的问题，用这种技术印制出来的书籍美观、工整。但雕版印刷术也有显而易见的缺点：制版费时费力不说，更大的问题是当一部书印完后，雕版无法拆卸，不可重复利用。进行雕版印刷的第一步是刻制雕版，这可是一项费时费力的手艺活儿，但是耗费雕工大量心血的雕版却常常是一次性的——只适用于一本书。需要印制新书时，或者当一本书仅仅需要修改几个字时，就需要重新刻制一张印版。看着辛苦刻出的雕版只能使用一次，雕工们感到很崩溃，于是他们想出一个好办法：如果将一整块木制雕版上的字模用木工的细锯子一个个锯下来，再根据不同书的内容重新排版，不就省去了每次重新刻制雕版的麻烦了吗？于是，活字印刷技术的雏形就这样诞生啦！

根据历史学家的考证，北宋时期已经大量使用木活字印刷术。作为一项实用发明，活字印刷术最早也用来解决生活中遇到的问题。元代著名的史学家马端临在他的著作《文献通考》中记载了这样一件有趣的事儿：宋代的时候，买卖土地需要政府印制的地契[①]。作为政府印制的公文，每张地契的主要内容是相同的，

---

① 类似今天买卖房屋需要使用的房产证与土地证。

只是编号不同。于是，官府想到了一个巧妙的方法——先使用木制雕版将需要重复出现的主要内容刻制出来，然后在印版上挖出凹槽，作为地契的编号部分，再另外制作约1000字的木活字用作地契编号，将活字组合嵌入凹槽。这样一来，既省去了重复印制正文的时间，又能够根据编号灵活调整内容，从而大大地提高了印刷的效率。

地契的印制方法启发了宋代工匠，于是，他们开始在更多的地方使用木活字印刷技术，从而减少了以往使用雕版的不便。但是，木活字印刷术仍然存在许多不足，比如：制作活字的成本太高且不易保存，使用活字印刷时常常出现字模松动的情况，等等。这些都需要有智慧的工匠们在生产实践中逐步完善，毕昇的泥活字便应运而生。

2. 升级版的泥活字

北宋时期虽已大量使用木活字，但是这种活字技术在实际使用中仍然存在诸多不便。首先，木活字虽然使用的是木头，但是每个活字的体积很小，所以对木料的要求很高，需要使用坚硬的木头，这类木材在古代可是较为昂贵的材料。其次，木活字看似使用的木料少于木制雕版，但在实际制作过程中需要备齐所有常用的汉字。历史学家统计，如果使用木活字印制书籍，通常需要10万～20万个木活字，这在今天看来十分不环保。最后，木活字也不易保存，因为木头遇水容易受潮变形，排版后的字模就会高低不平，严重影响印刷的质量。木头还容易遭到虫蛀和老鼠啃咬，从制作精神食粮的工具变为虫鼠的美食。

为了克服木活字的不足，北宋的工匠们不断尝试新的材料。最终，一位叫毕昇的普通刻工找到了随处可得的材料——黏土。接下来，我们就一起通过沈括的《梦溪笔谈》，看一看毕昇是如何使用这种材料印刷书籍的吧。

根据《梦溪笔谈》的记载，毕昇的活字印刷术可整理为制作字模、排版、印刷、字模存储等环节。第一步为制作字模环节。需要使用黏土制作高度约为1厘米的模块，然后在上面刻上深度为1.5毫米至2毫米的汉字，这种厚度大约是古代铜钱边缘的厚度，被沈括比喻为"钱唇"。刻好汉字后，便需要用火将黏土烧硬，这个过程有些类似制作陶器，所以胶泥活字又被称作黑陶活字。第二步为排版环节。需要先在一大块铁板上铺满松脂和蜡，加热铁板将它们熔化，这样就以把做好的字模一个个粘到铁板上了。为了防止字模排列不整齐，聪明的宋代人会在摆好一行字后加上一根铁条，最后将字版压平。第三步为印刷环节。给字模刷上油墨，盖上纸张，进行压印。第四步为存储环节。印刷完成后，加热铁板，将松脂熔化，把字模拆下来，以方便下次排版印刷。

3. 活字印刷术的作用

《送东阳马生序》开篇提到了这样一个场景：宋濂（lián）年幼时非常喜欢读书，但由于家里贫穷，没钱买书。所以他常常需要向藏书的人借图书，并亲手抄录下来，按照约定的日期准时归还。冬天非常冷，砚台里的墨汁都结了冰，虽然宋濂的手指冻得不能伸直，他却不敢放慢抄书的速度。抄写完毕后，他便立刻跑去还书，一点儿也不敢超时。

通过这个故事我们可以看出，想要复制书籍，需要耗费大量的时间与精力，学习和传播文化的时间成本非常高。由于制造书籍的成本很高，书籍因此成为极稀少的珍贵资源，被收藏在地位显赫的人手中。所以，出生在书香世家的孩

> **史海泛舟**
>
> 北宋沈括所著《梦溪笔谈》是一部详细记录中国古代科学技术的书，在中国科学史上有着重要的历史地位，其中对毕昇泥活字印刷的记录如下。
>
> 庆历（1041—1048）中有布衣毕昇又为活板。其法：用胶泥刻字，薄如钱唇。每字为一印，火烧令坚。先设一铁板，其上以松脂、蜡和纸灰之类冒之。欲印，则以一铁范置铁板上，乃密布字印，满铁范为一板，持就火炀（yáng）之。药稍熔，则以一平板按其面，则字平如砥（dǐ，磨刀石）。若止印三二本，未为简易。若印数十百千本，则极为神速。

> **人物小史**
>
> 宋濂，元末明初著名政治家、文学家、史学家、思想家，与高启、刘基并称为"明初诗文三大家"，又与章溢、刘基、叶琛并称为"浙东四先生"。明太祖朱元璋誉其为"开国文臣之首"，学者称其为太史公、宋龙门。

子往往能够"近水楼台先得月",比贫穷人家的孩子更容易接触书籍,这样一来,就形成了少数人对知识的垄断,学习文化知识便成了少数人才能享受的特权,所以古人常常以出身于书香世家为傲。

活字印刷术出现后,用印书代替了抄书,不仅大大地降低了制作书籍的成本,也使知识与文化的传播变得更加容易,从而打破了少数人对知识的垄断,为更多的普通百姓提供了接受教育的机会和通过阅读放松身心的方式。到了明清时期,小说之所以能够流行起来,也得益于书籍的大量普及。

时至今日,印刷术已传承千年,我们在古老技术的基础上不断地改进和创新汉字的呈现方式。在计算机出现以前,报刊图书的印刷主要使用铅活字。学者以自己的稿件被报社采用、自己的名字变成"铅字"刊印在报纸上为荣。随着计算机的普及,著名的科学家王选发明了汉字激光照排技术,使汉字从铅与火的时代进入信息时代,中国人终于能在计算机上自由地输入汉字;如今,汉字的呈现方式与文化的传播甚至告别了纸张,我们可以随时随地在电纸书和平板电脑上阅

当代毕昇——王选

20世纪70年代,中国采用的仍是"以火熔铅、以铅铸字"的铅字排版印刷。在排版车间,检字工人需在铅字架间来回走动,把文稿所需要的铅字一个个从架子上找出来。一个熟练工人每天要托着铅盘来来回回走上十几里路,双手总会因检字而变得漆黑。要跟上世界信息化发展的步伐,汉字必须与计算机结合,否则中国将难以进入信息化时代。为改变这种状况,1974年,我国设立了"汉字信息处理系统工程",即"748工程"。这让当时在北大无线电系任助教、已病休10多年的王选找到了奋斗的方向,他决定直接研制世界上尚无成品的第四代激光照排系统,即在计算机控制下将数字化存储的字模用激光束在底片上感光成字、制版印刷。这项发明使日后的中国印刷业从铅板印刷阶段直接步入激光照排阶段,跨越了国外照排机40年的发展历史。

读文字,也可以将心中的灵感直接输出为印刷体文字,从而省去了印刷的烦琐过程。活字印刷术传承千年,无论汉字印刷与显示技术如何革新,墨色晕染的汉字始终蕴含着中国人传承中华文化的坚定信念。

二、火药是如何发明的?

1. 出奇制胜,火药广泛应用于战争

宋朝在开国之初局势比较被动。由于失去了幽云十六州,北宋在北方几乎无险可守,迫于无奈,只能在平地上种植杨树阻挡北方游牧民族骑兵的冲击。加上西北的河西走廊被西夏占据,北宋又失去了饲养良马的优渥环境,因而缺少对抗游牧骑兵的利器。面对巨大的军事压力,积贫积弱的宋朝想到了一种出奇制胜的方法——既然刀枪棍棒敌不过骑兵冲击,那为何不试试火药的威力?于是,宋朝时期的工匠们投入了大量的精力,在唐朝的基础上研制火药,取得了重大的技术突破。火药是在唐朝末年开始应用于军事上的,而宋元时期则广泛应用于战争。

宋代使用火药,主要利用了火药的爆炸性,也就是火药爆炸时产生的破坏力。宋代著名战役采石之战使用的霹雳火便运用了火药的这种特性。根据南宋诗人杨万里的记载:1161年,金主完颜亮亲自率领40万大军南下进攻宋朝,

哇!原来是这样

中国古代发明的火药是以硝石、硫黄和木炭(或其他易碳化的有机物)按照一定比例配合的混合物,因其点火后能迅速爆炸,生成黑色烟焰,故也称为黑火药。在现代火药(即黄火药)发明之前,黑火药是世界上唯一的火药。现代军事和工程建设中所使用的火药为黄火药,严格说应叫黄色炸药,发端于19世纪。1771年,一位英国化学家用化学方法合成了苦味酸(三硝基苯酚),最初只是将其作为黄色染料,并未发现其爆炸性能。直到1885年,一位法国化学家用它填装炮弹,它才被称为黄色炸药。

直奔长江北岸的采石镇（今安徽省马鞍山市当涂县），想先攻占建康府（今江苏省南京市），然后兵临临安城下，灭掉南宋。在生死存亡之际，宋人虞允文率兵驾驶轻便快船冲至金人船前，使用霹雳火爆炸所产生的石灰烟雾，在对方视线迷乱时将其击退。

利用火药的爆炸特性，宋朝人发明了许许多多的东西，其中有一种叫作火砲（pào）的武器。这是一种发射铁石弹丸或炮弹的重型兵器，和今天的炸弹类似。南宋著名诗人陆游曾经记录了官府使用这种炸弹平定农民起义的过程：人们将火药放入陶罐中，并在陶罐内放入碎瓷片、毒药、石灰等，这种炸弹爆炸时不仅能产生烟雾迷乱敌人，也能产生一定的杀伤力。此外，宋朝人还发明了世界上最早的火枪——突火枪。这种火枪用天然的竹管制成，里面装有弹丸，火药被点燃后，产生的冲击力会将弹丸射出杀伤敌人。

2. 被火药打败的欧洲骑士阶层

14世纪的时候，火药传入欧洲。在古希腊罗马时代，骑兵可是战场上的"大杀器"，是冲锋陷阵的主力。培养一名合格的骑士需要一笔巨大的费用。我们一起来算一笔账：一名骑士和他的战马各需要一套量身定制的盔甲，它们的费用大约是20头奶牛的价格；战马每天需要吃掉大量的草料；骑士配备的各式兵器需要技能娴熟的工匠使用上好的金属打造而成；骑士还必须从小接受训练，才能掌握各种战斗技巧；骑士属于贵族阶层，通常配有若干名仆从，豢（huàn）养仆从也是一笔巨大的开销。

与巨大的金钱成本相比，使用火药的成本就要低很多：一名普通的农民只需经过几个月的训练，便能熟练地使用火器杀敌。所以，中世纪的领主们再也没必要花大价钱训练骑士，骑士作为一个阶层也就逐渐没落了，欧洲也就从冷兵器时代进入热兵器时代。正如马克思所说："火药、指南针、印刷术——这是预告资产阶级社会到来的三大发明。火药把骑士阶层炸得粉碎，指南针打开了世界市场并建立了殖民地，而印刷术则变成了新教的工具，总的来说变成了科学复兴的手段，变成了对精神发展创造必要前提的最强大的杠杆。"

三、船行万里真的不会迷航吗?

1. 如何清楚地描述方向

假如你来到一座陌生的城市,想要前往当地的主题公园,但是不知道公园的位置在哪里,于是拿起手中仅能打电话的"老人机"给当地的朋友打电话求助。虽然你的朋友非常热情,告知公园的位置就在你的左边,你会不会感到一头雾水?你知道问题出在哪里吗?

其实,我们在日常生活中所说的方向可分为相对方向与绝对方向。相对方向指的是以某个物体为参照物判断方向,即常用的前、后、左、右,如主题公园在小明的左边。在使用相对方向描述物体位置时,若选取的参照物不同,位置的表述便会发生变化,如小明的左边可能是小红的右边。另外,当你的朝向不同时,你的"左边"对应的方向也会发生变化。所以,在不明确参照物的情况下,只说"公园在你的左边",自然令人摸不着头脑。

为了更加简便地描述物体的位置,弥补相对位置的不足,古人决定寻找位置不会发生变化的物体作为描述方向的参照物,即使用绝对方向。经过长期的摸索,人们发现:在正午的时候,太阳的位置常年不发生变化;夜间的时候,天空有一个明亮的星星始终在固定的位置闪烁光芒。于是,日影法和极星法便成了古人常用的两种判断方向的方法。秦汉时期,人们在白天使用圭(guī)仪测量日影,在夜间观察北极星与地面形成的夹角。古书中将此方法描述为:"昼参诸日中之景,夜考之极星,以正朝夕。"可是,这两种方法也有明显的局限性——若遇到阴天下雨,则白天看不到太阳,晚上见不着星星。设想,如果人们在航海的过程中遇到

史海泛舟

1985年,考古工作者在江西临川的一座1198年入葬的南宋墓中发掘了一式两件张仙人俑。该俑手持的罗盘被学界认定为轴支撑结构的旱罗盘。2013年,宁波中国港口博物馆征集到一件南宋持罗盘俑,该罗盘与临川出土的俑在形式、结构上很相似。

这样倒霉的天气而迷失航向，轻则会耽误数日行程，重则会面临食物和淡水耗尽的危险。所以，寻找比太阳和星星更靠谱的绝对位置参照物，便成为古人努力的方向。

功夫不负有心人，到了战国时期，人们发现了一种神奇的磁石。这种石头经打磨成长条状后，如果被悬挂起来，总会指向固定的方向，并且这一特性既不受天气条件的影响，也不受空间的限制。于是，在接下来漫长的时间里，人们逐步调整磁石的形态，改变磁石的安放方式，充分地运用"磁石指南"这一特性。

日影法测向

晴天时，在地上竖立一个木棍，木棍的影子随太阳位置的变化而移动，这些影子在中午最短，其末端的连线呈一条直线，该直线的垂线即为南北方向。

极星法测向

夜晚时，人们可根据北极星和南十字星判断方向。北极星位于正北天空，其出露高度角相当于当地纬度，据此可以很快找到北极星。通常根据北斗七星（大熊星座）或星W（仙后星座）确定。北斗星为七颗较亮的星，形状像一把勺子，将勺子头两颗星——β 向 α 连线并延伸约 5 倍处便是北极星。当看不到北斗星时，可根据 W 星（即仙后星座）寻找北极星。仙后星座由五颗较亮的星组成，形状像"W"字母，字母的开口方向约开口宽度的两倍距离处是北极星。

2. 磁石变身史

如上文所说，早在战国时候，古人就发现了磁石感应现象。《吕氏春秋》九卷精通篇这样写道："慈招铁，或引之也。"那时的人称"磁"为"慈"，他们把磁石吸引铁看作慈母对子女的吸引，并认为："石是铁的母亲，但石有慈和不慈两种，慈爱的石头能吸引他的子女，不慈的石头就不能吸引了。"人们根据这种特性，把天然的磁石做成汤勺的形状，放在方形的盘子里，盘子四周刻有24个方位。用手指拨动磁勺，当磁勺在底盘上停止转动时，勺柄指的方向就是正南，勺口指的方向就是正北。这便是世界上最早的指南仪器，被称为司南。

唐朝时，人们发现，如果将铁针在天然磁石上沿着一个方向不断摩擦，也能使铁针具有磁性。这时，如果使磁化后的铁针漂浮在水面上，铁针便能够指向南方。受此启发，人们将磁针悬浮在刻度盘中间的水盆内，发明了浮针，也就是水罗盘。相比司南，浮针的体积更小，并且可以人工制得，因而得到了广泛应用。到了北宋的时候，人们对水罗盘做了改进。人们将薄铁片做成鱼形，将鱼首和鱼尾都做得尖尖的，然后将其加热到很高的温度，取出后将其按照地球南北磁极朝向放置，使鱼头向南，鱼尾向北，然后马上放入冷水中，这样铁片便被磁化成了磁体。最后，将这条磁鱼放在水碗状容器里面，便可使其指示方向。

但是水罗盘结构比较复杂，使用时需要注水，浮针在水中的位置不易固定，使用起来多有不便。因此，到了南宋的时候，人们又对水罗盘进行了改进，直接将铁针固定在刻度盘中间，发明了旱针，即旱罗盘。这种罗盘方便携带，特别适合于航行等摇晃颠簸的情况，简直是旅行必备之佳品，从而为航海技术的进步创设了便利条件。

3. 小罗盘与大航海时代

大家听过迪亚士发现好望角的故事吧。我们仔细观察他的航行路线，便会发现一个奇特的现象：早期的航海家大多选择在近海贴着大陆的边缘航行。这是因为早期的航海技术并不发达，航海家只有小心翼翼顺着大陆的轮廓前进才不会失去方向，否则一旦船只驶入远洋，失去参照物，不辨方向，就只能在茫茫大海中听天由命了。

元代的时候，罗盘传入欧洲，极大地推动了欧洲航海技术的进步，使航海家们在远洋航行中也能随时辨别方向。欧洲航海家特别重视罗盘，常常会在船上单独设置一个叫作针房的房间放置罗盘，并派专人看护。有了罗盘这一神器的加持，欧洲航海家如虎添翼，他们大胆地向远洋挺进，开辟了人类历史上的大航海时代——哥伦布在罗盘的指引下发现了美洲大陆，达·伽马一路向东穿越好望角，来到了西方人梦寐以求的印度，麦哲伦及其船队更是完成了环球航行的壮举。从此，西方航海家的足迹遍布世界各地，他们将从亚洲、非洲和拉丁美洲等地搜刮来的财富运回欧洲，完成了资本的早期积累。东西方之间的差距也开始逐渐被拉开，东方逐渐落后于西方，世界的格局因此发生了翻天覆地的变化。正如科技史学家潘吉星所说："小小的磁针一转动，给地球上的人类社会带来巨大变化。"可是最早发明指南针的中国，却在明朝后期实行海禁，到了清朝更是推行闭关锁国的政策；昔日浩浩荡荡的郑和船队早已消失在烟波浩渺之中，"郑和之后再无郑和"，不禁令人唏嘘不已。

4. 中国的导航系统——"北斗"名称的由来

随着科学技术的不断发展，人类辨识方向的方式也发生了飞跃。当今世界上有四大卫星导航系统——美国的全球定位系统（GPS）、俄罗斯的格洛纳斯（GLONASS）、欧盟的伽利略卫星导航系统（Galileo）和中国的北斗卫星导航系统（BDS）。

早在20世纪70年代，世界上只有美国的GPS导航系统独步天下，为军用与民用设备提供高精度的定位服务。

随着时间的推移，我国认识到发展卫星定位技术的重要性，于是决心建设自己的卫星导航系统。我国古人有使用极星法辨位的传统，我国的卫星导航系统与"极星"恰有异曲同工之妙，因此被命名为北斗导航系统。从1994年至今，北斗系统历经三次迭代更新，完成了从无到有、从有源导航到无源导航、从区域服务到全球组网的重大突破。

2020年6月23日，长征三号乙火箭在西昌卫星发射中心腾空而起，中国北斗三号导航系统的最后一颗全球组网卫星被送入轨道。这次发射标志着耗时20多年构建的中国自主知识产权的全球卫星导航系统宣告建成，中国北斗导航系统成为夜空中最亮的星，在各个领域广泛而深刻地影响着人们的生活。我们使用的手机、路边随处可用的共享单车、快递小哥的送货小车、无人驾驶汽车等，都使用了北斗导航技术。曾经凭借指南针引领世界科技潮流的中国再一次走在了世界导航技术的前列。

往事钩沉

"四大发明"这个说法并不是中国人自己提出的,而是由一位名叫李约瑟的英国人率先提出的。其实早在16世纪中叶(明朝嘉靖皇帝统治时期),德国数学家就总结出中国三大最具影响力的发明:指南针、火药以及印刷术。进入17世纪,英国学者培根重申中国这三项发明对于世界发展的重要性。近代以来最伟大的思想家、革命导师马克思与恩格斯也曾高度评价中国这三项重大科技发明。

参考文献

[1] 张传玺. 简明中国古代史[M]. 5版. 北京:北京大学出版社,2013.

[2] 翦伯赞. 中国史纲要[M]. 北京:北京大学出版社,2006.

[3] 张岂之. 中国历史·隋唐辽宋金卷[M]. 北京:高等教育出版社,2001.

[4] 张岂之. 中国历史·元明清卷[M]. 北京:高等教育出版社,2001.

[5] 蒙古秘史:现代汉语版普及本[M]. 特·官布扎布,阿斯钢,译. 北京:新华出版社,2007.

[6] 朱耀廷. 成吉思汗传[M]. 北京:人民出版社,2004.

[7] 邓小南. 宋代文官选任制度诸层面[M]. 石家庄:河北教育出版社,1993.

[8] 漆侠. 辽宋西夏金代通史[M]. 北京:人民出版社,2011.

[9] 孟元老. 东京梦华录[M]. 王莹,译. 北京:中国画报出版社,2016.

[10] 吴钩. 原来你是这样的宋朝[M]. 武汉:长江文艺出版社,2016.

[11] 吴钩. 原来你是这样的宋朝2[M]. 武汉:长江文艺出版社,2019.

[12] 贾冬婷,杨璐. 我们为什么爱宋朝[M]. 北京:中信出版集团,2018.

[13] 潘吉星. 中国古代四大发明:源流、外传及世界影响[M]. 合肥:中国科学技术大学出版社,2001.

[14] 郭晔旻. 从司南到罗盘：指南针的发明之路 [J]. 国家人文历史，2020（19）：120-127.

[15] 于璞，史爱君. 火药武器在宋代的产生与发展 [J]. 经济师，2006（12）：290-291.

[16] 潘吉星. 论中国印刷术在欧洲的传播 [J]. 传统文化与现代化，1996（4）：69-85.

[17] 强忠华. 宋代火药应用研究 [D]. 上海：上海师范大学，2009.

第六章
明清盛世与危机四伏

第六章　明清盛世与危机四伏

第一节　明朝兴盛，再续辉煌

明朝永乐年间，有一口钟在北京德胜门铸钟厂铸成，它被人们称为永乐大钟。这是我国现存最大的青铜钟。它通高6.75米，重约46吨，约相当于30辆小轿车的分量，真是一个庞然大物！然而更令人称奇的是铸在钟身内外的23万字铭文，这些文字均匀地分布在钟身，字距几乎完全相等，无失误之处。哪怕在科技高度发达的今天，也很难复制出这样一口大钟，可见明朝永乐年间的铸造技艺之高超，国力之强盛！纵览276年的明朝历史，明初三大盛世分别是朱元璋时期的"洪武之治"、朱棣时期的"永乐盛世"、明仁宗和明宣宗时期的"仁宣之治"。这些盛世的历史风云，我们一一道来。

一、为什么说胡惟庸是中国历史上最后一个丞相？

1. "草根逆袭"

1344年，淮河沿岸遭遇了严重的旱灾和瘟疫。大灾大疫下民不聊生，可这对于元朝的大小臣僚来说也不是太坏的事情。为什么呢？因为赈灾就需要朝廷拨钱；朝廷拨钱，经办官员们从上到下就可以雁过拔毛，捞一笔中饱私囊。但这次灾疫对安徽凤阳的一位叫朱重八的年轻人的影响无疑是深重的……

这一年的四月，放牛娃朱重八的灾难接踵而至——父母和大哥相继染病去世。年轻的朱重八在一个月内眼睁睁地看着身边的至亲一个一个死去，他在痛哭中充满了绝望……没有埋葬亲人的钱，没有棺材，没有坟地，他只能求助好心人找块地方帮他一起将亲人埋葬。这个孤苦无依的年轻人在心里一遍又一遍地说："所有的痛苦都来自这些层层盘剥的官吏地主，来自这黑暗腐朽的元朝统治者！我要活下去。"

机会终于来了！朝廷下拨的赈灾物资遭到层层盘剥，由此引发了日益尖锐的阶级矛盾，农民起义的烽火骤燃而起。此时已经在安徽凤阳城北凤凰山下的皇觉寺当了几年和尚的朱重八尝尽了人间冷暖，也目睹了老百姓的疾苦，于是他毅然投奔了安徽当地的农民起义军领袖郭子兴。朱重八由于才干过人，因此深得郭子兴器重，郭子兴还将自己的养女马秀英（也就是后来著名的"大脚"马皇后）许配给他。参军打仗总得有个像样且霸气的名字吧，"朱元璋"① 这个名字从此闪亮登场。此后在15年时间里，朱元璋领导了反元的农民起义，逐渐消灭了群雄，最终完成了全国统一，于1368年建立了大明王朝，定都应天（今江苏省南京市），年号洪武。朱元璋终于在40岁"不惑之年"完成了从草根到天子的人生逆袭！

2. 胡惟庸案始末

这个受尽家破人亡、颠沛流离之苦的平民子弟，终于缔造了属于自己的宏大帝国。在位31年间，朱元璋谨慎地守卫着这个来之不易的成果。"我既然能开创前所未有的帝业，也一定能找到运筹帷幄的策略，长治久

> **人物小史**
>
> 明太祖朱元璋（1328年10月21日—1398年6月24日），原名朱重八、朱兴宗，出生于濠州（今安徽凤阳）钟离太平乡孤庄村。
>
> 1368年，朱元璋称帝，定都应天府，国号"大明"，年号"洪武"。同年攻占元大都，结束了元朝在全国的统治，后统一全国。
>
> 在他的统治下，明朝的社会生产逐渐恢复和发展，史称"洪武之治"。
>
> 1398年，朱元璋病逝，享年71岁，谥号"开天行道肇纪立极大圣至神仁文义武俊德成功高皇帝"，庙号"太祖"，葬于明孝陵。

> **史海泛舟**
>
> 自秦始皇置丞相，不旋踵而亡。汉、唐、宋因之，虽有贤相，然其间所用者多有小人，专权乱政。我朝罢相……以后嗣君不许立丞相，臣下敢有奏请立者，文武群臣即时劾奏，处以重刑。
>
> ——《明会典》卷二《皇明祖训》

---

① 诛即毁灭，元指元朝，璋是一种瑞玉。

安地守护我的帝国。"为了维护这个庞大帝国的长久繁荣和子孙传承的稳定,他绞尽脑汁、夙兴夜寐,终于制定了看似无比严密的制度,以巩固自己及后世子孙的权位。

朱元璋建立明朝以后,一部分早年追随他的功臣自恃有功,飞扬跋扈(hù),更有甚者擅自专权,对朱元璋的命令阳奉阴违,这触了皇帝的逆鳞!这些人中,时任左丞相的胡惟庸是典型的一个,据说有一次占城国[①]的使臣来朝贡,这可是外交大事,于理于情都得禀奏圣上;可是胡惟庸竟然没有报告给朱元璋,还是后来被宦官察觉了才奏告了朱元璋。朱元璋大怒:"丞相既然敢背着我把持外交大权,说不定哪天就敢谋反,我一定要先下手为强!"1380年,有人告发胡惟庸谋反,朱元璋便以擅权枉法的罪名诛杀了胡惟庸,对于其盘根错节的党羽集团,朱元璋也不放过,先后诛杀了近3万人,其中包括开国功臣韩国公李善长等。这就是历史上著名的胡惟庸案。

诛杀了这么多人,就该到此为止了吧?其实不然,朱元璋的根本目的不仅仅是除去胡惟庸及其党羽!大家试想一下,如果后世子孙在执政时再遇到像胡惟庸这样的奸相怎么办?朱元璋于是一不做二不休,取消了中书省,不再设丞相,将中书省和丞相的权力分属六部,六部尚书直接对皇帝负责。中国历史上实行了1500多年的丞相制度被废除了,胡惟庸也成了中国历史上的最后一个丞相。

钱穆先生在《中国历代政治得失》中曾提到:明代政府经过这样的改变,一

往事钩沉

朱元璋大力整顿吏治。他亲自编撰了记录有大量惩治贪官污吏案例的《大诰》,要求全国每户一本,规定:家有此书,犯罪可减轻一等;没有此书,则罪加一等。朱元璋对贪官污吏的惩治极为严厉,规定:贪赃六十两以上的官员,就要被砍头示众并且将皮剥下来,在皮内塞上稻草做成"稻草人",以警示其他官员。

[①] 中南半岛古国名。

切大权都集中到了皇帝手中。不过没有了丞相的辅助，皇帝此后就要起早贪黑地处理各项事务了。虽说很辛苦，但朱元璋认为，再也没有人对自己的江山构成威胁，自己终于安枕无忧了！

二、"身着飞鱼服，腰佩绣春刀"的形象与什么机构有关？

朱元璋出身贫寒，受尽了贪官污吏的欺辱，对他们深恶痛绝。他创造性地发挥了普通百姓的作用，鼓励百姓检举揭发贪官污吏。为此，他还煞费苦心地为全国农民树立了一个典型——江苏常熟农民陈寿六。1384年的一天，常熟县吏顾英冲到了陈寿六的家里，抢去了他仅有的一点米粮，还恶狠狠地威胁他。虽然顾英只是吏而不是官，但在那个年代已经能够横行乡里了。陈寿六是一个靠力气吃饭的普通农民，他辛辛苦苦地种了一年的地，可到头来连饭都吃不饱。他越想越觉得憋屈，实在无法忍气吞声了。于是他将《大诰》携带在身上，叫上几个亲友来到县衙将顾英五花大绑，直奔南京城告御状，他坚信当今圣上一定会替老百姓做主的。他们抵达南京城，正如他们所料，朱元璋亲自过问了此事，并命人细细地进行了一番调查，果然陈寿六所言不虚，顾英当即被治罪。朱元璋还召见了陈寿六一行人，赞许道："寿六做得很对！必须重重有赏！"

但是仅仅靠百姓的检举是远远不够的，朱元璋想："我必须让自己的眼线遍布于全国的各个地方，我要将整个帝国的臣民都牢牢地掌握在自己的手里。"于是，他开始组建只听命于皇帝的特务机构——锦衣卫。

在现当代许多古装影视剧中，我们经常能看到跟锦衣卫有关的飞鱼服、绣春刀、象牙腰牌等。其实，飞鱼服和绣春刀都是明代锦衣卫的着装配饰。飞鱼图案其实并不是鱼，而是一种蟒化的鱼。不过一般的锦衣卫是不可能身穿飞鱼服的，只有皇帝亲赐才可以穿。也就是说，锦衣卫中上了一定级别的官员才可以穿飞鱼服。根据《大明会典》的记载，飞鱼服和绣春刀都是"非上赐则不敢佩也"。

为何锦衣卫待遇如此之高？原来，他们本是皇帝的贴身卫队，负有保护皇帝之责；更由此承担了秘密调查和刺探情报的工作。他们神出鬼没，为皇帝执行搜罗证据、逮捕、审讯等任务，甚至连官员晚上的自言自语都被锦衣卫们探听得明明白白，堪称明朝的克格勃①、摩萨德②。

明太祖在位时，有位叫钱宰的官员，一天散朝回家，因感觉每天早出晚归非常疲惫，就随口吟出了几句抱怨的诗，大意是："四更（凌晨1～3点）之鼓咚咚响就要穿衣起床，跑到午门朝见皇上仍被嫌晚；什么时候我才能回到家乡田园，一觉睡到午饭香飘沁我心房。"没承想第二天他去上早朝，朱元璋便问他："你昨天作的诗很好啊。不过，我并没有嫌你来得晚，你把第二句改成'跑到午门朝见皇上仍然担心去得晚'怎么样？"钱宰听后吓得连忙磕头谢罪。虽然钱宰的经历有惊无险，但是从这个故事中我们可以看出明朝特务机构锦衣卫堪称无孔不入。

有明一代，锦衣卫一直存在，至1661年才正式结束，其存在历史长达290年。

三、"南北榜案"为何会惊动圣驾？

1397年2月，明朝迎来了三年一度的科举会试，朱元璋任命翰林学士刘三吾为主考官。罗红玲著的《"南北榜"之争》中这样记载：经过紧张的考试阅卷，一共录取了进士51人，全是南方人，北方人全数落选，这一榜被称为"南榜"。北方各省的举人表示强烈不满，联名上书，并到礼部衙门鸣冤告状，纷纷指责主考官搞地域歧视，欺负北方人；也有人说考官收受贿赂，徇私舞弊，一时间舆情汹汹，小道消息满天飞。朱元璋新任命一个调查小组，重新查阅落第举人的试卷，并经过复查将其呈送给朱元璋。这些卷子质量实在太差，甚至有犯禁忌的话。结果一出，北方士子更是群情激愤。这时有人上告说，调查小组的官员故意把写得差的答卷进呈给皇上。朱元璋大怒，处理了一大批官员：之前的主考官刘三吾被定为反贼，发配西北；之后的调查小组负责人张信（曾是朱元璋的侍读）被凌迟处死。6月，朱元璋亲自主持策问，录取了进士61人，全是北方人，故又称"北榜"。这起案件就是历史上著名的"南北榜案"。

你能从这个一直闹到皇帝面前的考场大案中发现什么实质问题吗？

其实，这并不是一场简单的科举舞弊和反舞弊事件。被处死和被发配的官员

---

① 今天的俄罗斯联邦安全局。
② 今天的以色列情报和特殊使命局。

只是不明白这一点：科举取士尽力做到公平，也未必能维护帝国的稳定！南北榜案的实质是一场统治者利用科举扩大统治基础、笼络士人的政治事件。

后来，明朝采取按地域分配名额的方法录取进士。由此看出，统治者为了既考虑经济文化发展水平不一的地域差异，又保证科举考试的公平性，可真是煞费苦心呢！

为了统一思想，巩固统治，保证考试相对公平，明朝还采用了"八股取士"的考试办法。在明朝，每年参加科举考试的人数众多，考生水平差异大。八股文规范的格式标准便于阅卷者在有限的时间内判断考生水平的高低，提高了阅卷效率。但八股文考试命题仅限于四书五经，写作格式僵化，所选拔的官吏只知孔孟程朱的思想，没有实际能力和创造力，因此不利于国家选拔有用人才，阻碍了社会和经济的发展。

无论在元末农民战争中，还是明朝开国时期，朱元璋都有突出的历史贡献。他推翻元朝、统一全国，安定明初社会、发展明初经济，促成"洪武之治"的实现……毛泽东称赞朱元璋"搞得比较好"，属于有作为的皇帝。

1398年6月24日，朱元璋的人生走到了终点。他终于卸下了责任，结束了猜疑，回归了尘土。在经历了残酷的皇位争夺后，大明帝国的精彩历史将由朱元璋的第四个儿子朱棣继续演绎……

四、郑和为何要"七下西洋"？

1957年，南京鼓楼一带的明代造船厂遗址出土了一条长长的木杆。经过清理，人们发现上面有规律地分布着凹槽和孔洞。这条11米长的神秘木杆究竟是做什么用的呢？一开始有人推测，这是船的桅杆。鉴定结果出来后，所有人都大为震惊：这并不是船的桅杆，而仅仅是一根船舵的主杆！按照比例推算，配有这条舵杆的明代古船船身至少有100多米长，50多米宽，足足有一个标准足球场那么大！这样的庞然大物，有可能就是史料所记载的郑和下西洋时所用的宝船。

1405年7月11日，明成祖朱棣派遣太监郑和率领一支由27 800多人、200多艘船组成的船队，从今天的江苏太仓起航，向西洋[①]航行。作为船队总指挥，

[①] 今文莱以西的东南亚和印度洋一带海域及沿岸地区称为西洋。

初次下西洋的郑和只有35岁，便掌控着如此庞大的一支舰队——旌旗蔽日，鼓声滔天，浩浩荡荡驶向南方。这支规模堪比现代航空母舰作战群的无敌舰队，带给所到之处的是和平与友善、沟通与进步！

1405年，郑和的船队向南航行到达爪哇（今印度尼西亚爪哇岛），本想上岸休整后继续航行，不料却遇到一个大麻烦。当时统治爪哇的两个国王"东王"和"西王"正在为了抢地盘混战。西王的手下分不清状况，迷迷糊糊地把郑和船队登岸的170多个船员当成东王的士兵全部杀掉了。得知这个消息，郑和十分震惊。将士们也群情激愤，纷纷向郑和请战："这个弹丸小国胆敢犯我大明，真是岂有此理！我们一定要教训教训这个西王，让他给死去的船员们陪葬！"听了将士们的话，郑和皱了皱眉头，沉思起来："毫无疑问，手下将士的要求合理，以我们的实力，只要我一声令下就可轻易得胜，为死去的将士报仇。但这样的话，此次远航的使命岂不是没法完成了？"于是郑和选择了忍耐，他对将士们说："如果我们开战，自然很容易取胜，但即便战胜，也会落下以大欺小的恶名，令西洋各国闻之丧胆，与我为敌，国家交给我们的使命就没法完成了。"

爪哇西王得知闯下大祸，吓得赶紧派使者向郑和请罪，又连夜派人坐船到中国向明成祖朱棣谢罪。朱棣赞赏了郑和顾全大局的行为，并严厉斥责了西王的使者，让他们赔偿死去的士兵6万两黄金的抚恤金。两年后，西王派人送来1万两黄金，因为他们掘地三尺也拿不出更多黄金了。正当心怀畏惧的使者哆哆嗦嗦地等待大明皇帝降罪的时候，朱棣却笑着说："我早就知道你们拿不出6万两黄金，这样做就是想让你们悔思过错罢了，难道我堂堂大明还缺你们那点金子？"于是朱棣下令，免除了剩下的赔偿。爪哇从此心悦诚服，每年向明朝称臣进贡。

不以武谋强，不恃强凌弱，威服异域，怀德远邦：这是传承至今的中华文明和平交往的民族基因。2005年，我国决定把每年的7月11日定为航海日，以此纪念郑和为中国航海事业做出的伟大贡献。

郑和七次下西洋，是世界航海事业的先驱，创造了世界航海史上的奇迹。郑和作为和平使者，扩大了古代中国人民同亚非各国人民的友好交往，促进了彼此之间互通有无的经济文化交流，对海上丝绸之路的发展做出了突出贡献。梁启超称赞郑和："世界历史上所号称航海伟人，能与郑和并肩的，实在是太少了。"

人物小史

明成祖朱棣,明朝第三位皇帝,明太祖朱元璋第四子,建文帝朱允炆叔父。1402年即位,在位22年,年号"永乐"。

1370年,朱棣受封燕王。建文帝即位后,厉行削藩,朱棣以奉天靖难为名,发动靖难之役,起兵造反;1402年攻破南京,即皇帝位;统治期间,经济繁荣,国力强盛,史称"永乐盛世"。

1424年,朱棣第五次北征,回师途中病逝,享年64岁,葬于长陵。嘉靖时期,改庙号"成祖"。

五、长城和故宫凭借什么被列入世界文化遗产?

2017年,英国一家电视台播出了一部叫《紫禁城的秘密》的纪录片。在这部纪录片中,有人以1∶5的比例对故宫进行了复制,并对它进行了地震模拟测试。起初的震级是4.5级,接着是7.5级,后来将实验强度调到了9.5级及更高的程度。故宫模型虽然一直在剧烈晃动,但仍然稳稳当当地立在原地。学者们迫切地想寻找故宫如此坚固的缘由,最终他们将目光锁定在了斗拱上。斗拱是由方斗形和拱形木块层层罗列而成的建筑结构,采用榫卯结构,不依赖任何钉子或者胶水,是中国古代木构架结构建筑特有的连接方式。这一结构不仅异常坚固,而且每一部分都有缓冲的空间,其作用就相当于汽车的减震器。正是这种柔中带刚的特点,使故宫屹立600年而不倒,散发着独特的魅力,令我们不禁惊服于古人的智慧。

明迁都北京后,保卫京师安全成为明代军事工程的首要任务。明朝不遗余力修筑着北方的军事防御体系,抵御北方蒙古的威胁。历史的硝烟已经散去,但长城凝聚着的中国人民勤劳机智、坚韧刚毅、精益求精的精神,时至今天依然感动着我们。

箭扣长城是万里长城中最著名的险段之一,位于北京郊外怀柔区西北,海拔1141米。箭扣长城因整段长城蜿蜒呈W状,形如满弓扣箭而得名。明代嘉靖年间，官员王仪主持修建箭扣长城上的"九眼楼"，他专门委派三位手下督察工程进度和质量，要求做到"三日一巡，六日一查"，特别是所用砖石、灰土须严格把关，对每道工序要有明细的记录。他效仿明成祖朱棣修建北京城时的做法：令人手持一把大锤，对建好的城墙时不时地敲打几下，当听到哪段城墙有空响嫌疑时，就要仔细查看，一旦查出偷工减料或建筑结构不实的，立即对责任人进行惩治。

巍峨的群山上，朴素的中国人经受着烈日和严寒，付出了经年累月的劳作，用智慧和汗水铸就了万里长城。

六、猖狂的倭寇为什么会败在戚家军手里？

浙江义乌南乡有座"宝山"，历来传说此处有银矿。1558年，这里发生了一件不大不小的事情，却为解决困扰明朝百年的倭寇之患问题带来了转机。

原来，就在这一年，有人鼓动邻近的处州（今浙江省丽水市）人，组成了一支2000多人的挖掘队，来到义乌的宝山挖矿。义乌陈氏族长陈大成得知此事，立即带了亲信、子弟、农民3000多人去找他们算账。当时正值隆冬，义乌的老百姓一呼百应、同仇敌忾、勇猛无畏，用锄头、柴刀、木棍等农具当兵器，与对方展开了激烈的战斗，打死了对方1000人，成功捍卫了宝山的开采权。

这事传到了正在浙江奉命防御倭寇的明将戚继光的耳朵里。这时，戚继光正在为招募士兵的事情苦恼。戚继光一直认为，明军虽然人数多，但大多贪生怕死，一遇到强敌，大都会丢盔弃甲当逃兵，而且他们大多来自城镇，没有切身体会过倭寇之害，因此没有上阵杀敌的坚定信念。当听到下属汇报这起宝山械斗的消息后，戚继光突然从座位上站了起来，困扰自己许久的兵源问题终于有办法解决了！义乌人在这场矿山争夺战中竟然如此剽悍无畏、团结对外，而且他们多年受倭患袭扰，与倭寇不共戴天，这正是他苦苦寻找的优质兵源。

戚继光于是招募了4000个义乌人组成戚家军，并将他们训练得纪律严明、装备精良、勇猛善战，成为一支战斗力满满的抗倭劲旅。

考验戚家军的时刻终于到来了。1561年4月，2万余名倭寇向浙江台州进军，戚继光率军日夜兼程前去迎敌，在宁海（今浙江省宁波市辖县）遭遇倭寇先头部

哇！原来是这样

倭寇入侵中国，在 14 世纪初就已经出现了。究其原因有二：在外是因为日本封建诸侯割据，互相攻战，在战争中落败的一些封建主就组织武士、商人和浪人到中国沿海地区进行武装走私，抢劫烧杀；在内是因为中国陷入元末混战之中，导致海防空虚，无暇东顾。明初，明太祖严厉打击倭寇，在沿海兴建防倭城，布置数万兵力，使倭寇大为减少。但到嘉靖年间，国力渐衰，君主荒怠无能，奸宦把持朝政，倭寇入侵事件就频繁发生。

为了防止海患，明朝实行海禁政策：除了政府之间可以实行朝贡贸易外，不许百姓私自出海，或与外国人交易。海禁政策使沿海民众损失惨重，甚至无以为生。在这种情况下，一些失业的渔民、商人便与日本人勾结，占据岛屿，沦为海盗。他们从事走私贸易，或者采用不法手段抢劫居民财物，成为边防大患。此时的"倭寇"已经不仅仅是日本人了。

1523 年，日本遣明船贡使为了争抢商业利益而发生内讧，两位贡使相互指责对方是假的。当时的市舶司太监收受贿赂，处理不公，致使发生"争贡之役"。一名贡使放火抢劫后，又大肆报复中国官民，浙江都指挥刘锦在追击战中阵亡。第一次倭寇入侵事件就这样发生了。以此事件为导火线，明世宗断绝了中日的朝贡关系，并规定国人"片板不许下海"，把明帝国紧紧锁在封闭的大陆体系。但在巨大的经济利益面前，民间走私贸易日益猖獗，倭寇与海盗、商人，甚至是官员勾结起来，形成庞大的走私团伙。此后的 40 年，是明代倭寇为害最烈的时期。

嘉靖以后，一些有识之士开始反思倭寇产生的根源。他们认为海禁过严，导致沿海百姓失去谋生手段而沦为倭寇，这是倭寇问题屡禁不绝的根源，遂逐渐形成"弛禁派"。此后，明政府采用较为开放的政策，再加上戚继光等将领率军对倭寇进行有力打击，到了隆庆年间，倭寇之祸才逐渐减轻。

队。倭寇个个趾高气扬，仿佛胜券在握，轻蔑地向戚继光挑衅。然而，此刻站在他们面前的明军早已不是从前的乌合之众。戚继光一声号令，戚家军迅速变换阵形：士兵中有人手持盾牌掩护队友，有人手持长矛、短刀发动进攻。一时间 200

多个倭寇被扎成了蜂窝煤，倭寇全线败退。在之后的一个月中，戚继光率领戚家军，用不足20人的伤亡代价歼敌5000余人，取得台州大捷，一展明王朝的雄威。

戚继光出身将门，一生久历沙场，在抵御倭寇、训练士兵、修筑长城、改进兵器和阵法等方面，都做出了巨大的贡献；他勤于著述，笔耕不辍，在军事学术领域造诣深厚。后人称赞戚继光治军严谨、战术卓越。可见，戚继光是一位既有丰富实战经验，又有很高理论水平的著名军事家，是明朝抗倭名将和民族英雄。

哇！原来是这样

在戚家军中有一件特殊的制胜法宝，它就是狼筅（xiǎn）。它由一种特殊的竹子制成，在竹子主干两旁有许多附枝，附枝上装有尖利的铁刺，锋刺藏于竹叶枝干中，好像狼牙一般，故称狼筅或狼牙筅。狼筅比倭寇常用的武士刀长一倍，繁茂的枝条可阻挡倭寇正面进攻，藏在竹叶之中的锋刺又可在敌人全然不知时对其造成伤害，可谓克制倭寇的利器。戚继光还改良了狼筅，改为铁制，使其更加坚固锋利。戚家军中还有专门的筅兵队。戚继光研发了一套新的阵法——鸳鸯阵，能充分发挥狼筅的杀伤力，令来犯倭寇闻风丧胆。

七、上海徐家汇的地名是怎么来的？

明朝是我国古代科技发展的高峰时期，下面我们一起来认识一位博古通今、学贯中西的跨界科学家——徐光启。

徐光启出生在上海一个贫苦农民家庭，他聪明好学，经历了一番挫折后最终考中了进士。徐光启扔下了他厌恶的八股文，热衷于研究经世致用的知识。正巧，他结识了当时在中国传教的意大利耶稣会传教士利玛窦。利玛窦带来的三棱镜、自鸣钟等西方科技仪器深深吸引了本就对科技很感兴趣的徐光启，从此他开始向利玛窦学习西方的天文、算学、地理、水利等知识。徐光启想："这些西方的知识，我从来没有深入接触过，要是我们大明有更多的人掌握这些知识，就一定能借助西方的知识和科技实现我们的富国强兵！"于是他开始翻译西方科技著作，先后翻译了《几何原本》①《泰西水法》②等著作。

徐光启最著名的著作是《农政全书》，全书约70万字，全面总结了我国古代农业生产的先进经验、技术革新和农学的创新研究成果，可以说是我国古代农学的集大成之作。

徐光启在朝廷官至礼部尚书③，他虽居高官却两袖清风。1633年，徐光启病逝于北京，后归葬上海。其子孙在其墓地周围聚居，并逐渐繁衍开来。由于这里是三条河流的汇合处，又是徐家聚居的地方，因此得名徐家汇。后来，这里日渐繁华，以徐家汇为中心便形成了商业区。

除了《农政全书》，明朝还诞生了许多著名的科技著作。大家耳熟能详的医药学家李时珍，历经27年，写成了192万字的《本草纲目》。科学家宋应星编写的《天工开物》一书，对我国古代的农业和手工业生产技术进行了全面总结，被誉为"中国17世纪的工艺百科全书"。这三本著作对历代生产生活经验和科技成果进行了总结，具有实用性，处于世界先进地位。

人物小史

徐光启（1562—1633），字子先，号玄扈，谥文定，南直隶上海县法华汇（今上海市）人。万历年间进士，官至崇祯朝礼部尚书兼文渊阁大学士、内阁次辅。1603年，徐光启皈依天主教，师从传教士利玛窦学习西方的天文、历法、数学、测量和水利等科学技术。他对中国农学、数学、天文学等有卓越贡献，在军事领域也颇有建树。

---

① 古希腊数学家欧几里得创作的一部数学著作。
② 一部介绍西方水利科学的重要著作。
③ 尚书相当于今天的部长，即国务院部门的首长。

第二节　明亡清兴，承上启下

每逢节假日，参观北京故宫博物院的游客络绎不绝。这座中国综合性博物馆是在明清两代皇宫及其收藏的基础上建立起来的，建立于1925年，堪称中国最大的古代文化艺术博物馆。

现今，故宫博物院里存有多副清朝盔甲，如"蓝色缎面绣龙纹铁叶皇太极御用甲""蓝色缎铜钉顺治帝御用棉甲""八旗盔甲"等。甲为上衣下裳式，看起来颇为威武，颇能吸引参观者的眼球。面对这些实物史料，人们不由得会回想起明亡清兴的那些戎马倥偬岁月，并试图从中找到王朝兴衰的端倪。

"千古兴亡多少事！"是谁站在了大明王朝的终点？答曰"两个兄弟落大幕"：明熹（xī）宗朱由校（老大）治国无心，木工技艺却极其高超，可叹"木工"错生帝王家；明思宗朱由检（老五）难扶大厦于将倾，最后自挂于煤山歪脖子树下，徒留后人无限唏嘘。又是谁带领大清走出白山黑水之间，兵临山海关？答曰"一对父子前后继"：清太祖努尔哈赤（父亲）凭着十三副铠甲建立后金，带领队伍怀着"七大恨"向明朝宣战；清太宗皇太极（儿子）爱看《三国演义》，用反间计杀了袁崇焕，劝降并礼遇洪承畴，用的是知行合一路路通。

"俱往矣！"纵然"是非成败转头空"，但历史的面纱总会被揭开。让我们一起走进明亡清兴这段烽火岁月，感受实物史料与文献史料的温度，倾听民间野史研究者和学者的声音，找到真实历史与严谨学术研究之间的契合之处！

一、"文盲皇帝"还是"木工皇帝"？

明神宗朱翊（yì）钧（万历皇帝）即位时只有10岁。在内阁大学士张居正的辅政之下，明中叶的统治危机得到了一定的缓解。张居正死后，明神宗亲政，时人评他有"三好"（好疑、好逸、好货）和"四病"（酒、色、财、气）。他经常派遣宦官出宫到处掠夺、聚敛财物，统治后期又长期不上朝、不见大臣、不批阅奏疏，使政府机构几乎陷于瘫痪，朝臣结党斗争，混乱得不得了。明神宗在位48年，是明朝在位时间最长的皇帝。他死后24年，大明王朝覆亡。《明史·神宗纪》曾感叹："论者谓明之亡，实亡于神宗。"① 1620年，58岁的明神宗病逝，太子即位，就是明光宗。可是明光宗在位仅一个月就突然死去了，这样16岁的朱由校即位（明熹宗），正式开启在位7年的昏庸统治。

朱由校在即位前没有受过正规教育，不曾读书识字。读到这里，大家可能不相信。按理说，中国历史上的帝王之家掌握着最好的教育资源，纵使南唐李后主、北宋徽宗在治国理政上不是好手，但在文学艺术上也颇有造诣。其实，明朝的列祖列宗也是比较重视子孙读书的。身为平民天子的明太祖朱元璋，即使在行军打仗中，也没有忘记教育后代读书。被称为"永乐大帝"的明成祖，对皇子、皇孙的教育也特别注意——在未立为太子、太孙以前，即令他们读书。不过朱由校却是个例外！说来说去，这黑锅还得由他亲爷爷背。他的爷爷万历皇帝非常不喜欢他爹这个皇长子（他是万历皇帝偶然临幸的宫女所生），他爹只能断断续续受教育。由于学业荒废，他爹38岁登基时连四书五经都没有系统地学过。这自然也就连带着让朱由校这个皇长孙不受重视——万历皇帝迟迟不立他为皇太孙，还一直反对朱由校出阁读书，把他禁闭在宫中。另一方面，虽然万历皇帝自己在五岁时就开始受教育，可是严母（李太后）和严师（张居正）的悉心督导换来的却是他对学业极度反感，长大以后他就懒惰成性、不愿读书、不修君德，而对于儿孙的学习，他更为反感，致使朱由校长期不读书，大臣们多次上书恳请，但万历皇帝一概不予理睬！因此，朱由校到了15岁，仍然目不识丁。万历皇帝直到去世，都没有同意让朱由校出阁读书，而这时朱由校已经16岁了。说到这里，真让人不由发出一声叹息：朱由校虽贵为金玉天子躯，却无受教明理命！

朱由校虽然没有机会接受系统教育而导致大字不识，但在木工行当上却是一个天才，据说"巧匠不能及"，称得上鲁班投胎转世。他小时候不读书，天天在皇宫里面到处游荡。当时，宫中的三大殿以及乾清、坤宁、慈宁三宫都因曾遭受火灾正进行重修。此外，朝廷因常年对宫殿进行修缮，使得一些宫殿成了木匠作坊。四处游荡的朱由校在耳濡目染下对木匠活儿发生了强烈兴趣，居然无师自

---

① 意思是：明朝日后覆亡的命运，就是神宗在位期间决定的。

通，学得了一手木匠的好手艺。对于朱由校不读书而只做木匠活，父亲朱常洛却很欣慰，认为"韬（tāo）光养晦（huì），不惹麻烦，很好"。童年的经历对一个人一生的影响是巨大的。当了皇帝后，朱由校也没有把他的兴趣从木匠手艺转移到治国大业上，九五之尊的身份只为他儿时兴趣的发展提供了更加自由广阔的天地。他终于可以大显身手了，集设计、监工、工头、工匠于一身，从宫殿建筑到木器制作，无所不精，无所不能。他还搞发明创造，据说他为自己设计了一张折叠床，还发明了中国最早的喷泉。有时他让宦官拿自己做的物件到集市上去卖，竟被抢购一空。1627年，朱由校不慎落水而生病，后服用"仙药"，导致浑身水肿而卧床不起，终年23岁。

总之，朱由校是个德不配位的皇帝。他即位时几乎是个文盲，也堪称手艺精湛的木匠，却不是一个睿智明德的帝王。也许，在位7年，他能够设计建造一座巍峨的宫殿，却因此疏于国政，真真实实地葬送了一个国家的未来。

二、为什么魏忠贤竟敢自称"九千九百岁"？

据史书记载，朱由校每每兴致勃勃地做木工活时，宦官魏忠贤就会走来奏事，皇帝自然厌烦、不肯听下去，就心不在焉地推说自己已经清楚了——"你们用心做事，我已经知道了"，就这样任大权旁落。于是魏忠贤借机多次矫诏擅权，致使朝廷奸佞当道。下面我们就聊聊九千岁宦官魏忠贤。民间流传一句话——"只知有忠贤，而不知有皇上"，好像这个人比皇帝还有名，只不过是恶名！

但凡提到明朝，很多人会想到东厂、西厂和锦衣卫，这些机构都与明朝的宦官脱不了关系。明朝多次出现宦官干政的局面，导致忠臣被害、民怨沸腾。难道就没有预防宦官当道的方法吗？开国皇帝朱元璋为了避免明朝出现宦官专权乱政的情况，曾在宫门口挂起一块铁牌，上面刻着"内臣不得干预政事，预者斩"；但是朱元璋秉性多疑，不太信任大臣，还是会经常派遣宦官外出办事。有道是"成也萧何，败也萧何"，明初朱元璋废除丞相，使皇帝的工作量大为增加，日日疲于应付；而宦官集团最接近皇帝，很容易趁机扩张势力，这样明朝就成了继东汉和中晚唐以后第三个宦官专权的时期。待明成祖朱棣迁都到北京，他把这块铁牌也带去了，仍然立在宫门口。但由于明成祖夺位时，朝中的宦官有的为他刺探情报，有的立有战功，所以明成祖即位后就增加了对宦官的倚重和使用。时间长了，铁牌形同虚设。等到明英宗的时候，太监王振干脆摘取了铁牌。王振是谁？他就是害得明英宗轻举妄动出兵，在土木堡被瓦剌军俘虏的太监。到明武宗时，他干脆把政事交给宦官刘瑾处理，自己则在宫中纵情享乐或四处游玩，刘瑾竟有"刘皇帝""立皇帝"之称。

更糟糕的一对搭档当属明熹宗朱由校和宦官魏忠贤了！

明熹宗朱由校在即位之初，就封自己的乳母客氏为"奉圣夫人"并颇为优待，一部分朝臣担心客氏会干政，建议将客氏赶出宫。因为按照明朝的规定，皇子长到6岁，乳母就必须出宫，可这客氏已经多赖了10年了。客氏可不是善主，她长得美貌妖艳且心性险恶，并与魏忠贤勾结。魏忠贤原名李进忠，本是个无赖，因吃喝嫖赌倾家荡产，之后一狠心进京自宫，虽然目不识丁，却善于谄媚。就这样，两个人看对了眼，从此客氏与魏忠贤狼狈为奸。魏忠贤经过不懈努力，在朱由校即位后终于当上了司礼监秉笔太监兼东厂提督。一时之间，他擅权弄政，厂卫横行，残酷打击迫害朝中正直的官员。魏忠贤利用当时朝中的党争，形成了庞大的阉党势力，献媚者称他为"九千岁""九千九百岁"，赞誉他是"尧天帝德，至圣至神"。朝官中投靠到他的门下的，被称为五虎、五彪、十狗、十孩儿、四十孙等。有道是"白沙在涅，与之俱黑"，这些士大夫道德沦丧，也是达到极点了。还有人建议在国子监的旁侧建一个魏忠贤的生祠（指为活人修建的祠堂），使他与孔子并尊，这叫一个乌烟瘴气，让今人也不由得瞠目结舌。好在崇祯皇帝即位后将其发配守陵，魏忠贤最后落得个自缢而亡的下场，但是大明王朝的气数也被他折腾得差不多了。

三、袁崇焕是忠臣，还是叛徒？

崇祯皇帝朱由检是明熹宗朱由校的异母弟弟，从小也是个苦孩子。他爹虽是皇长子，却因不被他爷爷喜爱而迟迟不能立为皇太子。母亲因是婢（bì）妾身份而受人轻视。在他5岁时，母亲因罪竟被他爹下令杖杀。朱由检后来是由庶母抚养长大的。长大后的朱由检秉性多疑，毕竟童年的不幸是要用一生去治愈的。由于哥哥朱由校去世时没有子嗣，17岁的朱由检就这样继承了皇位，成了大明王朝的最后一位皇帝。

朱由检生性多疑，不辨是非，用人不专又急于求治，最终也没能挽救日益衰微的大明王朝。大家是否听说过"大将袁崇焕被反间计冤杀"这个故事？原来，朱由检即位后不久，便起用袁崇焕为兵部尚书①和蓟（jì）辽督师②，并赐予尚方宝剑。袁崇焕是谁？早前袁崇焕曾镇守宁远（今辽宁省兴城市），作战手法百变，且使用了一种威力很大的火炮——购自葡萄牙的红衣大炮，打得后金官兵死伤惨重。努尔哈赤不得不退兵，愤恨之下得了重病，后续大业就得交给儿子皇太极了。可惜袁崇焕虽然打仗忠勇，却敌不过后金皇太极研读《三国演义》所学来的反间计，最终被崇祯皇帝朱由检冤杀了。

关于袁崇焕被杀的缘由，在《清太宗实录》中是这样记述的：皇太极在打宁远城失败、攻打北京城再次失利后，就想着如何除掉袁崇焕这个眼中钉。于是，他安排了一个机会，故意让两个被俘的明朝太监偷听到了一则军事机密——袁崇焕已经和皇太极私下签订了密约，准备让清军在再次攻城时进北京城。接着，这两个太监就被皇太极"送"回到明朝这边来了。太监把听到的秘密汇报给崇祯后，崇祯龙颜大怒，认定袁崇焕是个叛徒，"依律，凌迟（酷刑，俗称千刀万剐）"！当然，也有许多史学家怀疑这个故事的真实性。有学者认为，袁崇焕是因为被卷入了宫廷党争抑或内阁权力之争，才会成为无辜的牺牲品。袁崇焕被凌迟处死后，其家人被流徙3000里，并抄没家产，实则家无余财。《明史·袁崇焕传》记载："崇焕无子，家亦无余赀，天下冤之。"读到这里，让今人不由得发出一声叹息！在一个时代，一个镇守国门且身经百战的将领竟死得如此之惨，这是国将不国的不祥之兆了！

公正地说，一部分史学家认为朱由检与明朝前面的一些昏庸怠政的君主是不同的。他还是能够严于律己的，并且比较简朴，当皇帝的17年间也是勤于政事，不敢懈怠。这个17岁的年轻皇帝即位后，抓住时机铲除了无法无天的魏忠贤及其党羽，重新控制了大明王朝的最高权力。《明史》称其"承神（万历皇帝）、熹（熹宗朱由校）之后，慨然有为"！从个人品行上来说，朱由检本不算"亡国之君"，可惜老天不给予时机，他摊上了"亡国之运"。农民起义爆发的积怨难返，

---

① 明代兵部的最高级长官，正二品。

② 明代北方最高军政领导。

加上关外后金政权的虎视眈眈，大明王朝已经走到了风雨飘摇的末路。对于袁崇焕的死，《明史·袁崇焕传》的评论可谓一针见血："帝误杀崇焕。自崇焕死，边事益无人，明亡征决矣。"

1644年，闯王李自成率领农民军破居庸关而入，兵临北京城下，比带领关宁铁骑前来救驾的吴三桂率先一步进入北京城，大明帝国的丧钟敲响了。

大明王朝终于在崇祯皇帝手上"落幕"了。走投无路的朱由检命贴身太监小毛子带着三位皇子出逃，勒令后宫嫔妃尽皆自杀，为防止两个女儿受辱，又亲手砍杀了她们。最后，在北京城陷落那日的凌晨，在司礼监太监王承恩的陪伴下，深一脚浅一脚地爬上了紫禁城北面的煤山（顺治时改称为景山），在一棵老槐树上自缢而亡。据说，他临死前在衣服上写下遗诏，说自己"因失江山，无面目见祖宗于地下，不敢终于正寝"。

四、吴三桂真的"冲冠一怒为红颜"吗？

现在，让我们看看两位新晋男主：一，"闯王"李自成，他是当下的明末农民起义领袖——大顺皇帝；二，"明宁远团练总兵"吴三桂，日后的"清朝平西王"。乱世遭逢，这两人又会碰撞出哪些关于成与败、是与非的历史火花呢？

《明史·李自成传》记载，李自成幼年时曾给地主放羊，成年后应聘到驿站当了驿卒，备受官府和豪绅的欺凌。后来由于明朝下令裁减驿站的经费，李自成不得已离开了驿站。第二年陕西灾荒严重，陕北的米价高涨，大批饥民流亡到外地，不少人投奔了高迎祥起义军。李自成也率领本村的饥民投奔了起义队伍，号称闯将。时人赞他有大志，不好酒色，"勇猛有胆略""御众严，号令一"，能与部下同甘苦，于是他慢慢崭露头角，在高迎祥战死后成了明末农民大起义的杰出领袖，荣升闯王。1644年农历三月十九日的黎明，李自成头戴毡（zhān）笠，身穿缥衣，骑着乌驳马，率领农民军大队人马进入北京，从此紫禁城由大明易主为大顺。

吴三桂，出身于明朝武将世家，善于骑射，不到20岁就考中了武举，从此跟随父亲吴襄和舅舅祖大寿，开始了他的军旅生涯。1639年，吴三桂被提拔为宁远团练总兵，时年27岁。1644年，闯王李自成率领农民军破居庸关而入，兵临北京城下，比带领关宁铁骑前来救驾的吴三桂率先一步进入北京城，明朝灭亡。吴三桂只好退守山海关，与所统领的数万人一起成了明朝孤臣，而他的父亲和其余家属都在北京城中。不难想象，吴三桂怀着怎样的心情，迎来了李自成派来游说他投降的另一位明朝降将。这个人带来了吴三桂父亲吴襄的劝说书信，吴三桂遂决定投降归附李自成。

要是两人的这一段交集到此画上句号，那么历史长河可能是另一番景象了。

此时的李自成正志得意满，对吴三桂部队在当时的重要性还认识不足。在吴三桂尚未板上钉钉归降时，他就忙着在北京城内把明朝那些投降的官员捉起来严刑拷打，要他们缴出财物作为军饷，吴三桂父亲吴襄也未能免除。照理说，对这样一位特殊身份的人物，要先重点保护一下，毕竟他儿子驻守山海关且手里握有重兵！这还不算完，李自成手下的大将还夺走了吴三桂的爱妾，就是号称明末"秦淮八艳"之一的绝色佳人陈圆圆。我们今天只能通过"冲冠一怒为红颜"的诗句来想象吴三桂听闻此事后的反应了。当然，这其中肯定有文人墨客的渲染和夸张的成分！吴三桂"冲冠一怒"肯定没有只为了一个红粉知己这么简单，但是接连遭遇父亲被打、家人被囚、爱妾被抢，"覆巢之下无完卵"的愤怒和屈辱足以改变吴三桂的选择："逆贼无礼，我堂堂丈夫岂肯降之，受万世唾骂，忠孝不能两全！"他在给父亲的复信中这样写道："父既不能为忠臣，儿亦安能为孝子乎？儿与父诀，请自今日。"于是他杀死李自成派来的大顺使节，转而写信给清朝的摄政王多尔衮（gǔn），请求合兵进攻李自成。想当年皇太极（清太宗）曾说："吾家若得此人（吴三桂），何忧天下？"现在机会送上门来了，多尔衮当机立断，立马回信劝降（让吴三桂降清）！适逢李自成亲征吴三桂，吴三桂因兵力不敌处于窘境，于是再次写信，恳求多尔衮"速整虎旅，直入山海"！之后，他出关谒（yè）见多尔衮，就称臣剃发正式降清了。清兵入关后攻入北京，多尔衮把年幼的顺治帝以及朝廷由东北的盛京①迁至北京，定都北京后，册封吴三桂为平西王。

---

① 今天的辽宁省沈阳市。

五、努尔哈赤如何用"十三副铠甲"起兵打下江山?

纪年,就是人们给年代起名的方法。我们在了解中国古代史时,常会涉及公元纪年与帝王纪年的对照。比如1644年,按照帝王纪年,就是明崇祯十七年,也是清顺治元年。这一年中国历史出现了重大拐点,发生了很多大事。第一件大事是李自成领导农民起义军建立大顺政权,攻入北京推翻了明朝的统治,崇祯皇帝自缢煤山。第二件大事是清朝军队在明朝降将吴三桂的配合下攻入山海关,占领了北京城,坐收渔人之利,李自成败走,翌年死在湖北通城九宫山。此后清军又经过近20年的征战,逐一消灭了明朝政权的残余势力和各地的反清力量,最终确立了对全国的统治。

那么,清朝是由哪个民族建立的呢?清朝又是如何走出白山黑水、入主中原的呢?

在中国东北富饶的土地上,分布着茂密的森林、辽阔的草原和美丽的湖泊。关于女真族的起源,据说可以推至距今3000多年前的肃慎①。到了隋唐时期,黑水靺(mò)鞨(hé)②出现了,主要活动区域在松花江流域和黑龙江下游两岸一带。唐玄宗时,设置了黑水都督府,以当地首领为都督,进一步加强了这一地区同中原的联系。五代时期,契丹人称黑水靺鞨为女真,从此,"女真"这一名称代替了靺鞨。

明朝时,东北地区以女真人分布最广。明朝前期,政府允许女真人通过辽东马市③以马匹、貂皮、人参等特产来交换汉族的耕牛、铁器、布匹绢帛以及其他生活用品。明神宗(万历皇帝)的时候,女真人中出现了一位杰出的领袖:他姓爱新觉罗,名叫努尔哈赤。努尔哈赤出身于建州女真(女真族三大部之一)贵族世家,虽然出身不凡,却命运坎坷。童年时期,母亲就去世了,继母待他不好,19岁分家后自谋生计。努尔哈赤为了维持生活要到森林里打猎,还要上山采松子、挖人参、拾蘑菇,再把这些山货拿到马市交换生活用品,因此经常接触汉人。他年少时曾投奔明朝辽东总兵李成梁,受过军事训练,受汉文化影响比较

---

① 中国古代东北地区的民族,是现代满族的祖先之一。
② 中国古代东北地区的民族,是现代满族的直系祖先。
③ 明朝与女真等少数民族的互市。

深；他通汉语，特别喜欢读《三国演义》和《水浒传》。

 **史海泛舟**

努尔哈赤创立八旗制度

在统一女真的进程中，努尔哈赤着手进行政权建设工作，其中最主要的是创立了八旗制度。1601年他将部众编为黄、白、红、蓝四旗，各以相应颜色的旗帜为标志。后因部众增加，到1615年他又新编镶黄、镶白、镶红、镶蓝四旗，皆在相应颜色旗帜上加镶边，原来的四旗则分别称正黄、正白、正红、正蓝，是为八旗。这套制度是在女真社会原有狩猎组织（即"牛录"）的基础上加以整理、扩充而成的，其特点是兵民合一，兼有行政、军事、生产的多方面职能。"出则为兵，入则为民"，"无事耕猎，有事征调"。努尔哈赤身为八旗共主，又直统两黄旗，以子、侄、孙统领其余六旗。努尔哈赤死后，随着大批蒙古、汉人的降服，皇太极又按同样的形式编制了蒙古八旗和汉军八旗，总旗数达到二十四，但仍泛称八旗。

1583年，事情发生了转折。努尔哈赤的祖父和父亲本是建州女真左卫（建州女真也分成三支）的首领，却在一场战争中被明军误杀了。明朝政府归还他祖父和父亲的遗体，命24岁的努尔哈赤承袭建州左卫首领的职务，以补偿其祖父和父亲被杀的冤屈。但是仇恨在努尔哈赤心中被深深地埋藏下来，他翻出了父辈留下的十三副铠甲，开始着手统一建州女真的事业。他积极招兵买马，进行严酷的训练，经过五年的努力，统一了建州女真各部。其间努尔哈赤对明朝表现得十分驯服，还有好几次去北京朝贡，被称赞为"忠顺学好，看边效力"。此后他经过20余年的艰苦战斗，基本完成了女真的统一。

1616年努尔哈赤终于正式称汗，国号"大金"（史称后金），都城就在他的统治中心——赫图阿拉城（今辽宁省新宾老城）。1618年努尔哈赤正式向明朝宣战，告天誓师，宣读了与明朝结有的"七大恨"的讨明檄（xí）文。《清实录·太祖高皇帝实录》记载，"七大恨"里的第一大恨就是祖父被杀之仇，其他内容主要是指责明朝压迫女真人、阻挠女真统一的罪责。这时明朝才"举廷震骇",在进攻辽东一战中,明朝战败,元气大伤,只能勉强维持防御状态。

六、皇太极将何人视为入关夺取中原的"引路者"?

当年,李自成在陕西立足未稳便直取北京,虽是逞了一时之快,却不知道"螳螂捕蝉,黄雀在后"——清朝将是一个更强大和更难对付的对手! 1644年李自成带领农民军攻破了北京,进入京城后就要面对当时来自关外的强大的清军力量。早在14年前(1630年),袁崇焕惨死,此时皇太极除掉了最大的眼中钉,在山海关外的广大东北地区,他已然是所向无敌了。1636年,皇太极改国号为"清",下一步就要挥师进入中原。这途中有一个重要的关隘——号称"天下第一关"的山海关,明将吴三桂就镇守在这个通入内地最关键的地方。1644年吴三桂降清。

其间,还有一些少有人知的细节。在吴三桂决定向清朝"泣血求助"时,曾有两个人物从中斡旋,其一是早前投降清朝的吴三桂的舅舅祖大寿,还有一位就是吴三桂曾经的顶头上司洪承畴(chóu)。

洪承畴曾是大明王朝统治者寄托的能救援东北锦州城的希望所在。1642年松山之战①城破,蓟辽总督洪承畴被俘,锦州守将祖大寿率众出降。一开始洪承畴是坚决不降清的,已经绝食数日。清朝这边所有能与洪承畴说上话的故旧,都被皇太极派去劝降,结果都被洪承畴骂得灰鼻子土脸而回。皇太极可不打算放弃,他觉得洪承畴若能帮助清朝则是夺取明朝江山最好的向导,于是特命最受他宠信的大臣范文程再去劝降。这范文程可不是普通人,他是清初一代重臣,著名的政治家、谋略家,史载清朝开国时的规制大多出自其手。洪承畴见范文程前来劝降,照旧大骂不已;范文程并不生气,干脆不提劝降的事,而是和洪承畴谈古论今。其实范文程是在察言观色,用今天的说法就是:观察洪承畴的肢体语言,看看洪是不是真的抱有必死的决心。当时正巧房梁上飘落下一块灰尘,正好掉在了洪承畴的衣服上,只见洪承畴一面说着话,一面手也没闲着——"屡拂拭之"。

---

① 当时锦州有松山、杏山、塔山三城,互为掎角。

最后范文程不动声色地告辞，回来就向皇太极禀奏说："洪承畴没有必死之心啊。他对身上的旧袍子都这么在意，更何况对于他自己的性命呢？"皇太极欣喜不已，对洪承畴倍加关照，恩遇礼厚。隔了几天，皇太极亲临看望，洪承畴立而不跪。皇太极并不气恼而是嘘寒问暖，见洪承畴身上的衣服单薄，就脱下自己身上的貂（diāo）裘（qiú）披在了洪承畴的身上。洪承畴大为感动。上面的这一幕很有戏剧性，史书上的描写也是虚虚实实，让人浮想联翩。

不久，洪承畴与祖大寿等一众降将正式举行了投降仪式，在皇太极面前俯首称臣了。松山之战的失利，使明朝丧失了最后一支能与清军抗衡的军事主力，关外防御也只剩下宁远一座孤城，大明覆亡的结局已昭然若揭。

到了1644年，在李自成兵逼山海关，吴三桂危急之时，在洪承畴和祖大寿的斡旋下，吴三桂最终打开山海关降清。清军入京之后，马上安抚百姓，为明思宗朱由检发丧，并宣布照旧录用明朝的官员，即使对曾经投降大顺政权的也既往不咎。毫无疑问，这些措施成功地笼络了人心，稳定了局面。5个月后，顺治皇帝在北京祭天登基。此后清军又经过了近20年的征战，逐步确立了对全国的统治。

第三节　清朝盛世，危机四伏

康乾盛世是中国古代王朝的最后一个鼎盛时期。这一时期，中国的政治、经济、文化、思想等方面均发生了重大的变化。是哪些原因带来了这些变化？盛世背后又潜藏着怎样的危机？清朝又是如何巩固统一多民族国家的？

一、南书房只是读书的地方吗？

1. 南书房里不只是读书

从努尔哈赤建立后金开始，到 1912 年中华民国建立、清帝退位，清朝一共传了 12 位皇帝，历时 296 年。清朝初期为了巩固对全国的统治，需要进一步强化君主专制。《清高宗实录》曾记录了乾隆皇帝对康雍乾三朝君主乾纲独断[①]的政治传统的总结："乾纲独断，乃本朝家法。自皇祖（指祖父康熙）、皇考（指父亲雍正）以来，一切用人听言大权从无旁假[②]。"

中国古代君主高度集权的政治体制在"康乾盛世"算是达到了巅峰。那么，康雍乾时期君主专制是如何一步一步得到加强的？大家可能会从当今的清宫影视剧中听说过南书房和军机处的名称，正是这些新机构的出现，保证了清朝皇帝大权独揽、至高无上！

要讲清南书房和军机处，还要再往前说说，我们就从议政王大臣会议开始说吧。

清初权力的中心是议政王大臣会议，它是根据宗室王、贝勒等共议国政的制度而建立的，始建于后金建国时期，真正地行使最高权力则从皇太极时期开始。皇太极时规定八旗旗主"凡议国政，与诸贝勒（原为满族贵族的称号）偕坐共议之"。清入关前，国家大事完全由议政王大臣会议裁决；入关后，这一传统被继承下来，但是很容易造成大臣专权。当时，议政王大臣会议做出的决定连皇帝都

---

① 指君主独自掌握决策权，不容他人插手。

② 指从来没有把过大的权力下放给臣子。

不能改变，显然这和皇帝想要独揽大权的心理产生了矛盾！另外，定都北京后的清朝统治者需要进一步争取各族特别是汉族官僚的支持，于是逐渐削弱议政王大臣会议的权力也就成为必然。

在康熙8岁即位时，父亲顺治皇帝留下遗诏命四名元老重臣辅佐，国家大权实际上操纵在这四名议政王大臣手中。后来辅政大臣之一的鳌（áo）拜独揽大权，他没把小皇帝玄烨（康熙帝）放在眼里。清末民初人徐珂在《清稗（bài）类钞》中写道：当时皇帝年幼，鳌拜主持政务时权力膨胀，由此气焰嚣张。这鳌拜为何这么狂？原来他出身将门，精通骑射，曾跟随皇太极征战四方，立下了赫赫战功，号称"满洲第一勇士"。在皇太极病逝后，他拥戴皇九子福临即位，成为议政王大臣而位极人臣。顺治帝去世后，他又接受遗诏成为顾命辅政大臣。面对鳌拜的跋扈，一代雄主康熙绝不坐视不管！康熙14岁亲理政事，18岁初露雄才大略，智擒鳌拜。在诛鳌拜诏中，康熙痛斥其"妄称顾命大臣，窃弄威权"！后来虽鉴于鳌拜曾有功而减其为终身禁锢，但康熙已经深深感到了削弱议政王大

中国历史上在位时间最长的皇帝

康熙帝（爱新觉罗·玄烨）是中国历史上在位时间最长的皇帝，长达61年。康熙8岁即位，14岁亲政，18岁清除权倾朝野的大臣鳌拜，开始独自主持朝政。他适时变革统治方针和政治决策，注重吸取前代统治的经验和教训，倡导儒学，重用汉族知识分子。他在位期间，通过平定三藩势力，为盛世局面的出现打下稳固的基础。他收复台湾完成统一，挫败沙俄侵略军，确保了中国对黑龙江流域的主权，三征噶（gá）尔丹并取得胜利，借助"多伦会盟"联合蒙古各部而增加民族间的友好和睦。在经济上，他重视农业发展，尤其擅长整治黄河灾患。他注重文化建设，康熙年间完成了著名类书《古今图书集成》。但是他晚年倦政，出现吏治败坏的现象，如大学士明珠因得到康熙的优待而无所节制地贪污。另外，皇子之间争夺帝位的事件此起彼伏，严重制约了整体局势的平静过渡。

臣权力、加强皇权的急迫性!

1677年康熙皇帝在宫内设置南书房,"择词臣(翰林院学士)才品兼优者"入值。主要职责包括:在皇帝每次上朝事宜完毕后,陪伴讲授和诵读史籍、谈古论今、吟诗作画,也替皇帝起草谕旨、批答奏章,这实际上是在参与机要事务。南书房由此成为由皇帝严密控制的一个核心机要机构。这是康熙削弱议政王大臣会议权力、加强君主集权的重要手段。南书房的具体地址,就在北京故宫乾清宫西南(乾清门西侧,北向)。

2. 军机处有军机以外的政务

雍正皇帝即位后,继续削弱议政王大臣会议的权力。雍正初年,西北准噶尔部①首领噶尔丹发动叛乱,清廷准备对西北用兵。正所谓军情如火,皇帝为了及时和一些大臣商讨军政,同时还得注意保守军事机密,于是提议在隆宗门(北京故宫乾清门前广场西侧)内设立军机房,这里成为临时处理军事的重要部门。1732年军机房变更为"办理军机处"。平定叛乱后,雍正皇帝并没有直接裁撤该机构,而是将军机处的地位逐渐提升,使其正式成为皇帝处理国家大事的中枢机构。但若从清朝正式官制设置来看,军机处的地位实在有些尴尬!军机处无专官,军机大臣都由被指派的朝臣兼职充任,皇帝可以随时令其离开军机处回本衙门。所以军机大臣无品级、无俸禄。军机大臣的任命,并无制度可循,完全出于皇帝的意旨。军机大臣的职责没有制度、章程的要求,只是按照皇帝的旨意办事。可见,军机大臣只是皇帝处理政事的辅助机构,所以学者张研、牛贯杰在《清史十五讲》中才会说"军机处是皇帝私人的秘书班子"。

军机处设有兼职军机大臣和军机章京,人员简单、无实权,均听命于皇帝一人,上传下达,办事效率高,保密性强。军机处逐渐由处理军事机要发展到对行政权责的统管,最终成为朝廷的中枢,这有利于皇权的加强,也表明君主专制制度发展到顶端。军机处内部陈设简单:一张土炕,几件桌椅,分为东、西、南、北屋。军机处设有军机大臣、军机章京。军机章京设满汉两种,各两班,共32人。这里有雍正皇帝题字"一堂和气"、咸丰皇帝御笔"喜报红旌",都是希

---

① 明清时期新疆的蒙古族部落。

望军机处能够团结协作，为皇帝出谋划策、分忧解难。军机大臣、军机章京如何解决食宿问题？军机大臣由内务府负责供应餐饭，皇帝赏赐糕点、元宵、腊八粥等，水果随时奉上。军机章京待遇就差一点：对夜晚值班的可以提供饮食，其他时间自行准备。军机处是重要机密之地，没有皇帝许可，任何人不得窥视、擅入。这里白天人烟稀疏，夜晚灯火通明，值班人员随时接受皇帝的召唤，拟旨传达。

清朝军机大臣的苦与乐

北京故宫乾清门前广场西侧有一排值庐，那里是清雍正以后国家机要中枢——军机处的所在地。这排小房子看起来很简朴，甚至有些寒酸，论外形根本无法与紫禁城中其他金碧辉煌的建筑相比，却是一个左右天下大势的神秘机构。

军机处设首席军机大臣1人，军机大臣一般5至7人，少时2人，多时9人。其僚属称军机章京，协助军机大臣处理文书档案。军机大臣须每天值班，等候皇帝随时召见。每天必须处理完毕当天由下面送达的奏章，以保证军机处处理政务的极高效率。军机大臣每天阅罢各衙门章奏，便前往不远处的养心殿，听取皇帝对奏章的批复。皇帝口述的指示和命令，军机大臣须聆听切记，然后回到军机值房，凭草拟的诏书经皇帝首肯，才能成为正式的诏书下发。在边境战事紧张的时期，皇帝在深夜接到边报，就紧急召见在值庐值宿的军机大臣。军机大臣遂乘夜拟写诏书，不辱使命。军机处外面的廊下，常常摆放着烧饼、油炸果数盘，以备军机大臣在紧张的工作间隙作点心食用。

这么重要的机要班子，办公地点却毫不起眼，无论是今人还是当时的人，都不免感叹这个办公处所的狭小拥挤。有军机章京曾描述这几间值房：屋小如舟，十几个大臣就着烛光埋头写字，这样的情景，与十年寒窗苦读的书生没有两样。清末大臣梁凤墀（chí）不无揶揄地说："军机处三间破屋，中设藜床，窗纸吟风，奇寒彻骨，则军机大臣之起居不过如此。"

乾隆皇帝即位后，就没有再面临辅政大臣擅权的威胁了。1791年，为了彻底消除八旗旗主干政的可能性，乾隆下令取消了议政王大臣会议制度。军机处已经超过内阁而成为全国政事的中枢。如果你有机会到故宫参观游玩，可以去找找南书房、军机处这两个机构当年所在的位置，实地感受一下康雍乾三朝君主乾纲独断的威严。

二、郑成功为什么被尊称为"开台圣王"？

中华民族是一个古老而伟大的民族，在五千年悠久的历史长河中，各族人民共同创造了灿烂的文化。"统一多民族国家的形成与发展"是我们了解中国古代历史的一条重要线索。继秦汉、隋唐、宋元后，明清是我国统一多民族国家发展的又一个重要时期。明末政权更迭，清朝建立对全国的统治后，加强了中央对边疆地区的有效管辖，逐渐形成了各民族之间不可分离的历史现实，从而使统一多民族国家得到了进一步巩固和发展。

今天，过往厦门港的船只和踏上厦门鼓浪屿的人，远远就能看见竖立在鼓浪屿上的民族英雄郑成功的雕像。雕像高15.7米，重1400多吨，身披盔甲，手按宝剑，面朝波澜壮阔的大海，挺拔刚劲，气势雄伟。碧波簇拥的鼓浪屿美丽而宁静。据说，宋代以前这只是一个水草丰茂、渺无人烟的小岛，宋末元初才开始有渔民上岛居住。明末清初时，郑成功在收复台湾之前曾在此驻兵，建龙头山寨，操练水师，为鼓浪屿留下了"龙头寨门"等历史遗迹和"国姓井"的感人传说。

台湾岛是我国的第一大岛，隔海与福建省相望，自古以来就是中国的领土。早在三国、隋朝时期朝廷就先后派万余人到台湾；明末清初以来福建和广东的一部分居民也到台湾开垦定居。中国历代政府均对台湾及其附属岛屿行使管辖权：宋朝至明朝时，台湾及其附属岛屿由福建泉州管辖，元朝、明朝政府在澎湖设行政管理机构进行管理。明成祖（朱棣）时期的航海家"三宝太监"郑和率领庞大的舰队访问南洋各国，途中在台湾停留，还给当地居民带去工艺品和农产品，其中就包括生姜。现今台湾特产"三宝姜"，据说就是为了纪念郑和而得名。

随着世界历史进入16世纪的大航海时代，葡萄牙、西班牙、荷兰等欧洲国家纷纷派遣船只来到东方。16世纪晚期,葡萄牙商船在一次航行途中经过今天的台湾海峡,水手们发现了一座地图上未标注的岛屿,忍不住惊呼"美丽的岛"。据说这是西方人知道中国台湾岛的开始。明朝末年国势衰败,荷兰人和西班牙人趁机侵占了台湾。

1624年是明朝天启①四年,一些长着红色头发、大高鼻子的荷兰人抵达台湾南部。他们向当地人提出借用"一张牛皮大的地方"暂时安身,其实他们是把一张牛皮切割成很细的皮线,然后连接起来,就这样无耻而狡猾地侵占了今天的台南安平一带,逐步建造了热兰遮城和赤嵌(kàn)城等殖民据点。当时荷兰只占有台湾南部,北部则由西班牙控制。1642年荷兰击败西班牙独占了台湾。荷兰联合东印度公司侵占了台湾38年,把台湾作为一个欧洲与亚洲之间的贸易中转站,从而赚取了巨额的利润。可恨的是,荷兰殖民者对当地民众征收苛捐杂税,甚至肆意杀害当地的村民。台湾人特别痛恨这些"红毛贼",期盼着有一天能赶走他们。

1646年清军攻入江南,郑成功的父亲郑芝龙降清,母亲田川氏则在乱军中自尽。年轻的郑成功因阻止父亲降清无效,干脆自己起兵抗清。他率领父亲旧部在中国东南沿海抗清,成为南明后期的主要军事力量之一。为了能持久抗清,郑成功亲自率军数万经澎湖在台湾登陆,围攻荷兰人的据点赤嵌城并郑重宣布:"土地为我国所故有,当还我!"郑成功还命令由海、陆两面围困热兰遮城,荷兰人慌忙死守,并赶紧求助于海外的大批舰队。热兰遮城可是一块难啃的骨头,这座城池堡垒不仅城墙坚固,设施齐全,还有外围的强大火力。郑成功率领船队对荷兰人发动了猛烈的攻击。荷兰人躲在热兰遮城中不敢出来,但是郑成功的船队也不敢贸然去攻打。这可怎么办呢?还是群众的智慧多!据说郑成功得到附近百姓的帮助,军民把土石装入一个一个竹篮子中,然后把装土石的竹篮子堆成了一个巨大的掩护堡垒;郑成功的士兵们就以这个堡垒作为屏护,在夜色中一点一点挪动前进,渐渐进逼到热兰遮城下。最终郑成功的部队发炮,击垮了热兰遮城堡的城墙。

1662年,经过8个月的围攻,热兰遮城被攻下,荷兰殖民者被迫投降,这

---

① 木工皇帝朱由校在位时的年号。

中国台南旅游的必打卡景点：赤嵌楼

赤嵌楼，又名赤崁楼，俗称红毛楼，位于今天台南市的成功路和永乐路之间，是中国台湾最重要的古迹之一。17世纪中叶荷兰殖民者侵占了我国宝岛台湾，在岛上建了不少便于殖民统治的城堡，赤嵌楼便是其中最有名的一处。1653年，台湾人民在民族英雄郭怀义的领导下展开轰轰烈烈的反抗荷兰殖民者的斗争。第二年，荷兰殖民者便将此前的防御工事改建成四方形的要塞。改建后的赤嵌楼高高耸立，十分牢固，安装大炮居高临下，四周尽在控制之中。

作为台南旅游的必打卡景点，今日的赤嵌楼楼阁宏壮，高约11米，历经三百余年沧桑，巍然屹立。楼底有地下室，是古时的军械库。楼上有一口荷兰井，实为隧道，相传郑成功收复台湾时，荷兰人多自此逃至安平港而逃走。1750年，此楼被列为史迹。现今楼上陈列有明清时期台湾史料、模型及标本，楼北侧置有许多古代石碑。赤嵌楼风光优美，每当夕阳西照，游人会竞相观看这台湾"八大胜景"之一的"赤嵌夕照"。

里被改为安平城，就是现今"安平古堡"这个名称的由来。

被荷兰殖民者侵占了38年的宝岛台湾，终于重新回到了祖国的怀抱。郑成功是我国历史上的民族英雄！郑成功及其子孙经营台湾，设置府县，制定法律，垦田积谷，大兴文教，加速了台湾地区社会经济的发展。郑成功也被台湾同胞尊称为"开台圣王"，至今广泛崇祀。

1683年清军进攻台湾，郑成功的孙子郑克塽（shuǎng）战败请降。第二年清朝在台湾设府，隶属福建省，加强了中央政府对台湾的管辖权。

三、"金瓶掣签"制度对安定西藏有什么作用？

西藏是一片神圣的土地，以雄伟壮观、神奇瑰丽的自然风光和丰富灿烂的民族文化而闻名。

唐朝通过和亲政策促进了与吐蕃的友好关系，大家一定听说过文成公主和金城公主入藏的历史故事。元朝时中央政府对西藏正式行使行政管辖权。明朝前期，西藏喇（lǎ）嘛教中出现了一个新教派——格鲁派，因其僧侣戴着黄色僧帽而被俗称黄教，之后格鲁派逐渐成为西藏地区占统治地位的教派。万历初年格鲁派领袖索南嘉措在蒙古地区传教期间被奉上"达赖喇嘛"①的尊号，另一位宗教领袖则被奉上"班禅"尊号②。

清政府采取因地制宜的政策，尊重当地的社会习俗和宗教信仰，通过确立册封达赖、班禅制度和规定金瓶掣签仪式，有效地加强了对西藏的管辖。

1652年，五世达赖喇嘛自西藏起程前往北京朝觐，随行人员达3000人，顺治皇帝会见并待以殊礼。在返藏途中，顺治皇帝册封他为"西天大善自在佛所领天下释教普通瓦赤喇怛（dá）喇达赖喇嘛"，并授予金册和金印，正式确立了达赖喇嘛的宗教地位和名号。现今在西藏拉萨的布达拉宫内还完整保存着顺治皇帝接见五世达赖喇嘛的壁画，生动记载了这一重大历史事件。布达拉宫是过去西藏地方统治者政教合一的统治中心，从五世达赖喇嘛起，重大的宗教、政治仪式都会在此举行。

1713年，五世班禅被清廷正式赐予"班禅额尔德尼"的尊号，并赐金册和金印。这个封号是梵、藏、蒙语的结合，"额尔德尼"是蒙古语，意为"珍宝"。清朝中央政府对其地位予以确认，授以管理后藏地区政教事务的大权，常驻扎什伦布寺。

达赖和班禅是藏传佛教格鲁派领袖宗喀巴的两大传承弟子，他们都采用独特的活佛转世制度。可以这样来理解，信徒们把达赖和班禅视为具有无上法力的神明，所以他们是永生的，即使达赖和班禅的肉体会死亡，但是他们的灵魂会转化在另一位幼童身上，即在圆寂以后都要投胎转世，成为下一任达赖和班禅。据史书记载，从明朝中期开始，格鲁派宗教领袖的产生就开始采用灵童转世制度了。

在活佛转世中，有时找来的灵童不止一个，如八世班禅在27岁时因病逝世后就找到不止一个转世灵童。遇到这种情况，为了避免出现纠纷和争执，就要用金奔巴瓶抽签，以确定人选。什么是金奔巴瓶？是这样的，1792年，清乾隆皇

---

① 达赖是蒙古语，意为"大海"；喇嘛是藏语，意为"大师"。
② 班是梵语，意为"学者"；禅是藏语，意为"大"。

帝特颁发两个金瓶：一个置于北京雍和宫，一个置于拉萨大昭寺。为什么是两个金瓶呢？主要是为了防止蒙藏贵族操纵大活佛转世。怎样进行金瓶掣（chè）签？先用满、汉、藏三种文字将寻得的若干灵童的名字各写在一支象牙制的签上，置于金瓶中，由理藩院尚书（相当于今天的国家民族事务委员会主任）在雍和宫，或由驻藏大臣[①]在大昭寺，监督掣签以确定灵童，然后报请朝廷批准，最后经过坐床仪式[②]，便正式成为转世活佛。以上内容载于清朝颁布的《钦定藏内善后章程》，标志着清朝中央政府对西藏的管辖和治理在政治、军事、经济、宗教等各方面的系统化和法制化。章程的第一条就规定了对藏传佛教活佛转世实行金瓶掣签制度："大皇帝特赐一金瓶，今后遇到寻认灵童时用满、汉、藏三种文字写于签牌上，放进瓶内，由呼图克图和驻藏大臣在大昭寺释迦佛像前正式掣签认定。"

如今珍藏于西藏拉萨大昭寺的金奔巴瓶，就是清代1792年乾隆皇帝所赐，高3.4米，通体以莲瓣纹、如意头纹、缠枝纹等图案组成。金瓶外包由五色锦缎制成的瓶衣。瓶口内插签筒，筒内放置五支如意头象牙签。

中国古代史的脚步已然走到了清朝中期。此时，呈现在我们面前的这个王朝，疆域西跨葱岭，西北至巴勒喀什池（今巴尔喀什湖），北接西伯利亚，东北至黑龙江以北的外兴安岭和库页岛，东临太平洋，东南到台湾及其附属岛屿，包括钓鱼岛、赤尾屿等，南到南海诸岛，西南达喜马拉雅山脉，成为一个幅员辽阔、人口众多、国力强大的统一多民族国家！

至此，明清史结束。这正是：两个兄弟落大幕，朱明王朝国祚（zuò）倾。十三铠甲奋起兵，乾纲独断清帝定。宝岛岂容外敌侵，灵童选定靠金瓶。明亡清兴多少事，撷（xié）英采华凭君听！

[①] 清朝中央政府派驻西藏地方的最高军政长官。
[②] 即继位典礼，藏传佛教所特有的仪式。

参考文献

[1] 计六奇. 明季北略 [M]. 北京：中华书局，1984.

[2] 文秉等. 烈皇小识（外一种）[M]. 李鹏飞，编. 北京：文津出版社，2020.

[3] 钱穆. 中国历代政治得失 [M]. 北京：生活·读书·新知三联书店，2012.

[4] 昭梿. 啸亭杂录 [M]. 北京：中华书局，1980.

[5] 吴晗. 名人名传全书：朱元璋传 [M]. 海口：海南出版社，2001.

[6] 虞裴明. 戚继光 [M]. 南京：江苏人民出版社，1983.

[7] 梁方仲. 中国历代户口、田地、田赋统计 [M]. 上海：上海人民出版社，1980.

[8] 朱绍侯. 中国古代史（下册）[M]. 福州：福建人民出版社，1985.

[9] 甘阳，侯旭东. 新雅中国史八讲 [M]. 北京：生活·读书·新知三联书店，2021.

[10] 戴逸. 简明清史 [M]. 北京：人民出版社，1980.

[11] 白寿彝. 中国通史纲要（上）[M]. 北京：中国友谊出版公司，2012.

[12] 张岂之. 中国历史十五讲 [M]. 二版. 北京：北京大学出版社，2014.

[13] 熊剑平. 宰相的废除与锦衣卫的设立 [J]. 文史知识. 2019（1）：55-61.

[14] 孙锦鑫. 论明代八股文考试利弊及其当代启示 [J]. 汉字文化，2019（14）：22-23.

[15] 罗红玲. "南北榜"之争 [J]. 中国考试（高考版），2000（12）.

[16] 陈梧桐. 朱元璋功过评估 [J]. 社会科学辑刊，1990（1）：87-95.

[17] 雷埠. 御用农民陈寿六 [J]. 文史月刊，2012（4）：45.

[18] 林岩夫. 封侯非我意 但愿海波平：明代著名军事家戚继光生平事迹述略 [J]. 孙子研究，2018（1）：98-105.

[19] 刘明翰，陈月清. 郑和七下西洋对海上丝绸之路的贡献：郑和下西洋的伟绩同西欧早期殖民扩张的对比 [J]. 大连大学学报，2017（5）：1-10.